小学校 体育科授業研究
第三版

立木 正・新開谷 央・菊 幸一・松田惠示　編

教育出版

はじめに

　21世紀を生きる子どもたちにとって，「確かな学力」，「豊かな心」，「健やかな体」の調和を図り，「生きる力」を育むことは，ますます重要になっている。
　一人一人の子どもが，生涯にわたって健康を保持・増進し，豊かなスポーツライフを実現することは，体力の低下傾向が深刻な問題になっていることや，積極的に運動する子どもとそうでない子どもへの二極化の指摘があることも踏まえると，「生涯スポーツ」との関わりのうえから重要である。
　生涯にわたる運動やスポーツ生活をよりよいものにしていくためには，学校期に運動に親しみ，運動の楽しさや魅力，喜びを味わい，深め，発展させていくことが必要になる。
　この意味で，全員の子どもが「運動好き」になり，友だちとの望ましい関わりの中で運動に親しみ，実践・継続していく力を身につけることは，社会に自律的に生きていく力として，今後一層重要になる。子どもたちが，生活の中に運動を取り入れ，毎日が楽しく，明るく，充実し，自己実現が図れる生活を実現していくことができれば，このうえない喜びである。
　本書は，生涯スポーツの基礎教育としての学校体育や体育授業の充実，改善のための一助となることを願い，前記のような体育の方向をさらに充実，改善していくことを目指したものである。
　本書の初版は，平成6年に刊行されたが，第2版では，平成10年12月の学習指導要領の改訂に伴い，内容に大幅な改訂を加えた。この第2版では，初版代表編者嘉戸脩氏他界のため，3名の執筆者で故人の遺志を継ぎ，改訂の作業に当たったのであった。
　今回の「第3版」においては，初版，第2版の編集方針や学校教育の基本的な考え方を踏まえつつ，平成20年3月に改訂，告示された新たな学習指導要領

を考慮して陣容を強化し，編者4名，ほかに新たな執筆者4名を加えて編成することにした。

　本書の構成は，理論編と実践編からなっている。

　理論編では，まず，生涯スポーツに立つ体育の方向が社会変化との関わりから論じられ，さらに，これからの小学校体育の基礎的な理論が，学習者論，プレイ論，内容論，学習過程論等において論じられている。そして，それらを踏まえて，実際の授業計画の考え方や立て方の理論と方法，さらには，体育科における学力観や学習評価等についての理論と方法について論じられている。

　実践編では，平成20年版学習指導要領に示された各運動領域及び各運動種目ごとの基本的な学習指導の進め方，指導上の工夫や留意点等に触れ，明日からの体育授業実践に役立つものとなるように意図している。

　このように本書は，平成20年3月に改訂・告示された学習指導要領に準拠したものであるが，子どもたちが人間と運動との根源的な関わりを知り，生涯にわたるよりよいスポーツライフを享受していくことを目指す体育という観点に立っている。したがって，編集・執筆にあたっては，21世紀の新しい時代や社会に求められる小学校体育の学習指導の新しい方向を視野に入れ改訂を行ったのである。

　本書が，将来，小学校教師になることを目指す人たちのテキストとして，あるいは，これからの小学校体育の学習指導の充実，改善を目指す現場教師の指導資料として，わかりやすく役立つものとなれば幸いである。

　最後に，本書の作製に際して，教育出版の阪口建吾氏，日本教材システムの荻山直之氏に多大なご尽力を得ましたことに，心より感謝申し上げます。

　　平成21年7月

編者・執筆者代表　立　木　　正

目　　次

はじめに……………………………………………………………………………ⅱ

体育科の理論

Ⅰ章　社会変化と学校体育 …………………………………………………2

1　社会変化とスポーツ ……………………………………………………2
（1）産業構造の変化と余暇の意味……………………………………3
（2）子どもの生活の変化とスポーツ…………………………………5

2　社会変化と学校体育 ……………………………………………………7
（1）学習原理の変化……………………………………………………7
（2）学校体育の社会的目的の変化……………………………………8

Ⅱ章　これからの小学校体育の基礎理論 ………………………………12

（1）小学校児童の発育・発達…………………………………………12
（2）楽しい体育の基本原理——プレイ論と運動特性論をめぐって…19
（3）学習内容の捉え方…………………………………………………27
（4）学習過程の考え方…………………………………………………37
（5）学習指導の考え方…………………………………………………44
（6）学習指導要領のとらえ方・考え方………………………………48

Ⅲ章　授業計画の考え方・立て方 ………………………………………59

（1）カリキュラムの考え方と授業計画………………………………59
（2）年間計画の考え方・立て方………………………………………60
　　［補］総合的な学習の時間と小学校体育………………………69

（3）単元計画の考え方・立て方 …………………………………………71

Ⅳ章　学習評価の考え方と工夫 ……………………………………………………76

　　（1）体育科における学力観とその考え方 ………………………………76
　　（2）学力観と体育評価 ……………………………………………………80
　　（3）授業評価と評価規準 …………………………………………………86

学習指導要領のキーポイント

1　「生きる力」と体育・92　　　2　「基礎・基本」のとらえ方・93
3　「習得学習」と「探究学習」・94　　4　「運動技術」の系統性・95
5　低・中学年の「体つくり運動」・96　6　「○○型ゲーム」の取り上げ方・97

体育科の授業実践

Ⅰ章　体つくり運動 ……………………………………………………………… 100

　　（1）多様な動きをつくる運動遊び（1年生の授業例）………………101
　　（2）体ほぐしの運動 ……………………………………………………106
　　（3）体力を高める運動 …………………………………………………107

Ⅱ章　器械運動 …………………………………………………………………… 109

　　（4）マット運動 …………………………………………………………112
　　（5）跳び箱運動 …………………………………………………………115
　　（6）鉄棒運動 ……………………………………………………………118

Ⅲ章　陸上運動 …………………………………………………………………… 122

　　（7）かけっこ・折り返しリレー ………………………………………123

  (8) 小型ハードル走··128
  (9) 走り幅跳び··132
  (10) 走り高跳び··136

Ⅳ章 水　　泳···141

  (11) 水　泳（水遊び，浮く泳ぐ運動を含む）·····················141

Ⅴ章 ゲーム・ボール運動··148

  (12) ゴール型（バスケットボール）····································148
  (13) ネット型（バレーボール）··153
  (14) ベースボール型ゲーム··159

Ⅵ章 表現運動（表現遊びを含む）·····································164

  (15) 表現遊び（2年生「動物ごっこ」を題材とした例）···········166
  (16) 表　現（5年生「冬の自然」を題材とした例）··············168
  (17) フォークダンス（5年生の例）···································171
  (18) リズムダンス（リズム遊び）······································171
  (19) 新しいリズムダンスとしてのボールルームダンス············172

Ⅶ章 保　　健···174

  (20) 毎日の生活と健康···175
  (21) 育ちゆく体とわたし···176
  (22) 心の健康・けがの防止··177
  (23) 病気の予防··179

●付録　　小学校学習指導要領　第2章第9節　体育················181

体育科の理論

I章　社会変化と学校体育

　多くの子どもは家庭と学校と地域社会の中で生活している。ライフサイクルからみると，幼児期の就学前，児童期も含めた就学期，卒業後の労働期，そして，引退期がある。子どもの日常生活とライフサイクルにおいて，制度としての学校が果たす役割は社会の関心事である。一般に学校は小さな社会といわれている。この学校は大きな社会の構成員を育てるために制度的につくられている。この大きな社会の時代的な変化とともに小さな社会も変化し，子どもが受ける教育も変わり，そして，変化する教育によって子どもも変わるのである。

　この教育の中で体育は長い間，身体と運動（スポーツ・ダンス・体操）にかかわる教科として位置付けられている。時代や社会によって身体と運動の捉え方は異なり，制度としての教育との関連の中でも社会的な規定を受けている。運動の本来的意味と制度的社会規定を受けた教育的意味を子どもとの関連で捉えることはこれからの学校体育を考える上で重要な意味がある。

1　社会変化とスポーツ

　スポーツの定義は一義的ではないが，多くの定義の中に「遊戯」「プレイ」という用語が用いられている。例えば，Loy, j. w. は「遊戯的要素を保有し，身体的卓越性の表現のために制度化されたゲーム」としている。遊戯と労働の関係のように，スポーツの社会的機能は特にスポーツを取り巻く社会と強く関連している。一般に文化は経済や産業の影響を強く受ける。スポーツも身体的活動を中心とした運動文化であり，同様の影響を受けている。現在，スポーツは一般的に余暇時間に行われるが，人間とスポーツの関係は余暇時間，産業構造における労働形態，労働時間などと深く関連している。日本の産業構造は戦後

大きく変化し，その影響を受けてスポーツやその行い方も変化してきた。同時にその変化は学校体育にも大きな影響を及ぼしている。そこで，今日の学校体育とスポーツの問題点を戦後の日本の社会変化における産業構造，余暇の意味，子どもの生活という側面から考えてみたい。

(1) 産業構造の変化と余暇の意味

a 産業社会（戦後の経済復興期）の余暇

1945年に日本は敗戦を迎えた。疲弊した経済の復興は，1950年に始まる朝鮮戦争特需により弾みがついた。生産過程では，機械化が十分でなく，肉体を駆使した長時間労働が一般的であった。このような特徴をもつ産業社会では，余剰利益は機械化などの大型設備に投資されたため，多くの人々は暮らしが豊かであるという実感は乏しかった。長時間の肉体的労働により労働以外の時間の多くは休息として使われていた。また，人間の一生であるライフサイクルも労働の準備のための学校期とメインステージである労働期，そして退職後の短い引退期とに区別されていた。この時代は余暇時間は少なく，労働が生活の中心であり，自己実現は働くことの中にあった。このような状況におけるスポーツは，余暇時間を多くもてる一部の人が行うぜいたくな遊びであった。また学校のスポーツは精神的身体的教育として手段的におこなわれていた。

b 産業社会から脱工業社会（高度経済成長期）と余暇

その後も日本は経済の復興に多くのエネルギーを費やした。第1次産業に代わって工業生産が優先され，世界の先進国に追いつくための高度成長へと人々を駆り立てた。1950年代後半から1960年代にかけて工業生産の中心は軽工業から重化学工業へ移行し，生産技術の機械化により，生産性も向上した。しかし，生産の量的拡大とともに労働時間も8時間以上と長く，日本人の生活は相変わらず労働中心の生活であった。この時代は機械化の進行により，肉体労働から少しずつ解放された反面，競争原理が社会の一般行動原理となり，労働による精神的ストレスなども増え，労働によって疎外された人間性をもう一度とり戻す必要が生じた。労働形態は少しずつ変化したが，生活の中心はやはり労

働であり，余暇時間は労働での疲れを癒す回復に充てられていた。ライフサイクルは競争社会を反映し，高度な学歴を求める学校期，生産や販売量を上げる労働期，そして，少しずつ長くなってきた定年後の引退期に区分されていた。スポーツは東京オリンピック以降，少しずつ一般に普及してきた。しかし，労働からの疎外が問題になる中，各ライフステージで，多くの人が余暇時間に余裕をもってレジャーとしてスポーツを行うという段階ではなかった。そして，1970年代になると，科学の進歩により生産の機械化がさらに進行し，生産性がさらに向上し，余暇時間も少しずつ拡大し始める。このような特徴をもつ社会が脱工業社会である。

c 脱工業社会（経済低成長安定期）の余暇

　1980年代に入り，生産過程の機械化・ロボット化が進行し，直接的生産に携わらないホワイトカラーが多くなり，人間の身体的労働活動が少しずつ減少傾向にあった。その一方，生産性の向上は過度な競争社会と生活場面の人工化を生み出した。人間は自然に対して自らの身体と精神を統合して働きかけて進化してきた。しかし，この数十年の生産の高度な機械化，車社会などにより，本来の身体的精神的機能を統合して発揮する場が限られてきた。結果として，精神的ストレスや運動不足などによる生活習慣病が社会問題となり始めた。

　総理府の「80年代の青少年像」では仕事に満足している者の6割は努力のしがいがないと思っていると報告している。このように経済成長で生活水準は向上したが，労働による自己実現が保障しづらい社会が出現した。また，長くなった引退期の余暇の過ごし方が大きな課題となった。余暇時間の拡大により，労働以外の余暇時間における自己実現の充足が強調されるようになった。余暇は各ライフステージにおいて，休息から楽しみや生きがいへと変化し始めた。このように心身ともに健康であり，生きがいが感じられるような自己実現の充実がこの時代の課題となった。スポーツはこの課題をクリアできる多くの内容をもっている。以前からスポーツは精神鍛錬や強靭な身体の形成を達成する手段的色彩が強く見られた。しかし，このような手段としてのスポーツでは以上の課題を解決することはできない。学校期においてスポーツを生涯にわたって

自発的に継続する基礎的学習と，スポーツを遊びの要素を失わずに行う学習経験がこの課題を解決する条件となる。脱工業社会時代になってスポーツは生涯にわたって余暇を有意義に過ごすための重要な内容の一つとして位置付けられるようになってきた。

20世紀末から日本は経済成長優先社会から低成長・成熟社会へと移行した。同時に情報化がさらに進み，少子高齢化等の問題もあり，従来とは異なった社会的仕組みが必要となった。余暇のあり方も物質的豊かさから生活実感に根ざした方向性が模索されている。

(2) 子どもの生活の変化とスポーツ

敗戦後の数十年で大人の生活が大きく変わったように，子どもの生活も社会や学校の影響を受けてきた。しかし，大人と子どもの時代的変化には異なった特徴がある。

産業社会までの子どもは家事労働の重要な担い手であった。放課後は日暮れまでいろいろな年齢で構成された大勢の仲間集団でダイナミックに遊びまわる環境があった。この遊びには大人の関与はなく，未組織ながらも運動そのものを楽しむ場が多くあった。このような生活空間には子どもが自我を確立しながら成長する様々な要因が多数含まれていた。一方，学校体育は労働期の準備として，運動を手段とした集団作りや体力作り，上手下手による運動技術獲得の学習が行われていた。しかし，上記の遊びが生活のなかにあったために広義の発達課題は達成されていた。この時代の学校体育は，学校期以降の準備と運動の手段化が特徴であった。見方を変えると子どもの生活は全体的に見て十分な身体的社会的発達条件が満たされていた。しかし，この状況は産業社会から脱産業社会へと移行を始める1960年代後半から少しずつ乱れ始めてきた。

高度経済成長はそれまで以上に競争社会を生き抜くための教育を必要とし，教育にも競争原理が強く導入され，主要5科目の成績が子どもの学習の焦点となり，体育も上手下手という基準で評定がなされた。学校以外の子どもの生活でもこの競争原理の支配が徐々に強くなり，ギャング集団が消え，同時に自然

や道路，広場などが減少し，子どもの遊びの環境が大きく変化した。そして，子どもの孤立化，無気力化が社会問題となった。全国的傾向として，子どもがもっとも元気に遊び回っているはずの夕方の街角から子どもが消えたといわれた。街角から姿を消した子どもたちは，塾やスポーツ少年団という大人が管理する組織や子ども部屋などに吸収されていった。そして，放課後の子どもは少人数に分断され，同年齢の子どもだけで，テレビゲームのような室内での静的な遊びを多く行うようになった。

　授業前のアンケートでは，サッカーなどの集団的運動種目，特に球技に人気が集中する。しかし，これらのスポーツ種目は多くのメンバーを必要とする。放課後のスケジュールの個別化により，子どもたちが自らの力でこれらのダイナミックな遊びに必要なメンバーを集めることが困難になった。また，運動遊びはスポーツ少年団やスイミングスクールのように大人が管理する場に変わった。そこには教える大人，教えられる子どもという関係が支配し，子どもが自発的に遊びを工夫し，仲間を組織するような環境ではなかった。この状況をもたらした原因は子どもの生活環境の変化であり，子どもの生活全般にわたる競争原理の導入徹底であり，大人による子どもスポーツの支配である。

　脱工業社会への移行が始まると，大人の余暇は休息や気晴らしから自己実現の充実に変わってきた。これに対して子どもの余暇は徒党を組み，異年齢でダイナミックに遊ぶ自己充足型の外遊びが少なくなり，テレビゲームなどの気晴らしが中心となった。これは子どもと大人の余暇観や余暇の過ごし方の逆転現象である。大人は余暇を自己充足のために享受し始めたのに対し，子どもはいまだ余暇を享受できず競争原理や大人の管理下で行動させられている。

　大人の管理するスポーツ少年団等で活動する子どもは体力があり，そうでない子どもは体力がない，運動が苦手という二極化現象が問題となっている。また子どもの気晴らし型余暇の中心となった仮想世界での遊びがさまざまな社会問題の原因といわれている。低学年の学級崩壊から仮想世界の論理を現実生活にもち込んだ事件まで出現した。脳科学の進歩によりこれらの原因が少しずつ解明されている。現実生活のなかで自然やものやひとと直接対応する体験の重

要性が示唆されている。あらためて，仲間集団による自由な運動体験を子どもに保障する方策を検討するときに入っている。

《新開谷　央》

2　社会変化と学校体育

　生涯学習社会において学校が果たすべき役割は大きいが，そのためには今までの学校を支配していた原理を変えていく必要がある。学校体育も例外ではなく新しい時代に対応した学習の原理が求められている。

(1) 学習原理の変化

　文化の伝達を重視した教育観と学習者の資質を引き出し伸ばす教育観とがある。産業社会では生産性の向上に必要な知識の伝達が学校に求められた。知識の伝達と体力の向上の合理化，効率化が優先されたため，この教育効果を妨げる子どもの存在欲求，自己実現欲求などの人間的欲求は学校から排除されてきた。効率的に教育効果を上げるためには個人の疑問などに対応するよりも全員に同じ内容を同じような方法で一斉に指導する授業が求められた。そのために，教師の指示に素直に反応するような秩序が教室にあった。

　このような教育を支えた条件の一つに，スキナーなどの動物実験の結果に基づいたプログラム学習の原理がある。細かい段階を踏んだ刺激と反応の繰り返しによる動物の学習プログラムをスモールステップという。この原理をスキナーなどが人間の学習全体に一般化したのがプログラム学習である。このような動物の学習原理が人間の教育に適用された背景には有能でない学び手は受動的存在であるという教える側の認識があった。そして，学校は知識の伝達効率を頻繁なテストによって確かめていた。このテストに頼る学習指導は，正解以外を考えようとしないなど，学び手の学習意欲の衰退と能動性の低下をまねいた。

　1975年以降学習心理学に人間のデータが出始め，1980年以降には人間の日常的行動の科学が一般化してきた。この変化には学び手は有能であり，人は日

常生活に必要な事柄を効果的に学び，自分の納得のゆく説明を求めるなどの積極的肯定的人間観が反映している。伝達された内容を記憶し，テストで正解を予想して解答する学習と異なり，一連の事実や規則に適切な解釈を求める行動は深い理解と長い時間と，そして多くのエネルギーを必要とする。しかし，この学習方法は伝達観的教育において求められる多様な領域すべてについて限られた時間で深い理解を求めるというわけにはいかない。そこで，内発的に動機づけられた個人的関心や欲求に基づいた領域での深い思索と基礎的・基本的な知識の学習の両方が必要になる。

　このように肯定的人間観による教育は，学びの質や学校の在り方において多くの変化を必要としてきた。まず，落ちこぼれや吹きこぼれを生んだ同じ内容を全員平等に，画一的に教える指導中心の授業から，個人差や個性を重視した学習中心の授業への変化が挙げられる。つまり，学びの内容や学びの方法が手段的な目標達成型から自己充足的目標探究型へと変わったのである。学校期は，労働期への準備から，今の生活は単なる労働期の準備ではなく，重要な意味をもつ一つのライフステージとして位置付けられるようになった。そして，学校期の今の生活における意味ある生き方を求める学習も教育の目的の一つとなった。学力観もテストのような測定結果の重視から生きるプロセスを大事にした学力を求めるようになった。学習の場も教師から子どもへの一方的情報伝達から教師と子どもとの相互的な関係ばかりでなく，地域社会との関係までを含めた多元的なコミュニケーションを重視するようになった。このような教育環境における学習経験は各個人に基本的な知識の獲得の必要性を自覚させ，さらに児童・生徒一人一人の興味の範囲を拡大深化させ，生涯にわたる学習活動へ連続すると考えられている。

(2) 学校体育の社会的目的の変化

　次に，上述した社会の変化に伴う余暇観とスポーツや子どもの生活の変化に学校体育がどのように関与していくことが望ましいのかを，学校体育の社会的目的の点から考えてみよう。

a 身体活動やスポーツを手段とした教育

　明治維新から戦前・戦時中は富国強兵・殖産興業といった国策を支えるため，勤労勤勉と上長への従順を徳とする教育が行われた。体育の目的は強靱な肉体をもち，上長の命令を忠実に果たす兵士や労働者の育成にあった。体育は運動を用いてこの目的を果たすため，鍛錬として行われた。鍛錬が主目的であるため，スポーツはプレイとして扱われなかった。この時代の体育は身体の教育といわれている。

　敗戦後の教育の民主化に伴い，学校教育の目的は民主的な社会人の育成となった。教科としての体育も例外ではなく，教練的色彩の強い運動が少なくなり，スポーツ種目も体育の内容となってきた。そして，体育の目的も運動やスポーツ活動を行いながら，戦後教育の目的である民主的社会人の養成を目指した。戦前からの教師中心の一斉指導が多く行われていた中で，この時期から，グループ学習を中心とした体育授業の試みが始まった。しかし，グループ学習が一般化した反面，社会は教育の効果性や効率性を求めるようになり，体育授業も運動技能をいかに合理的効率的に指導するかという関心に移行していった。また，教育の平等の考え方は全員に同じ内容を指導し，同じような効果を上げようとしたため，体育でもスモールステップに基づいた運動技能の段階的一斉指導が多く行われた。その後，1964年の東京オリンピックの不振などにより青少年の体力不足が社会的問題となり，体育の関心はもっぱら体力作りと運動技能の獲得へと移った。その結果スモールステップ型指導に加え，トレーニング理論が体育の指導原理に導入され，スポーツも体力作りの一環として行われる傾向が強くなった。

　このように敗戦後三十数年間の学校体育は，運動やスポーツが民主的社会人の養成や，社会的に必要な体力作りなど教育の社会的目的を達成するための手段とされた。欧米に追いつけ追い越せを目標としたこの時代の学校は，卒業後の労働期の準備を主な教育目標としていたため，体育も上記のように運動やスポーツを手段として活用していた。体育の評価も体力の強弱，運動能力の高低，運動技能の上手下手が基準であった。また，全員に同じ内容の課題を与え，同

じような方法で指導したため，課題を早期に達成した子どもは次の課題に進むことなく停滞し，また与えられた課題をその期間中に達成できない子どもはいつまでも同じレベルにとどまるという現象が多く見られた。前者は吹きこぼれ，後者は落ちこぼれなどと呼ばれた。このように，体育授業において運動やスポーツが学習者のペースで，自己実現のために意図的に行われる学習は少なかった。その結果，運動は好きでも体育は嫌いという子どもも出現した。また，上述したように，放課後の子どもは塾やスイミングスクールなど大人の管理する組織に吸収され，学校体育で学んだ運動技能等を子どもたちの仲間集団で発揮できるような場が少なくなってきた。結果として，子どもの生活の中で学校と放課後の連続性は乏しくなった。

b　運動やスポーツをすること自体が目的の体育

　高度経済成長末期の社会において競争が激化する中，多くの人が労働に生きがいを求められず，労働以外の場面や余暇において自己の存在を確認し，自己実現を果たす生活を意識し始めた。スポーツも単に競争に勝つことからプレイそのものを楽しんだり，仲間と交流するために行われるようになってきた。いわば運動やスポーツを目的的に行うことによって自己実現を果たし，自己のアイデンティティを確立しようとするようになったのである。その一方で，子どもの余暇は孤立化し，気晴らし型となってきた。このような社会に対処するために，学校体育の目的もスポーツを教育の手段とする考え方ややり方から，スポーツそのものを楽しむ活動の学習へ変化してきた。具体的には，これまでの体育授業は教師の指導性が強く，児童・生徒は受け身であった。これでは自らの運動欲求を自らの力で実現するといった運動における自立は困難である。子どもの生活の現状から見て，児童が生涯にわたってスポーツに自発的に参加し，自己充足を繰り返し，その過程で自己実現を果たす必要が生じてきた。そのためには，学校期は単なる労働期の準備ではなく，生涯の一ステージと位置付け，子どもが自発的に運動やスポーツを組織できる能力の獲得が重要である。

　これらを実現するためには，人から強制されることなく自分がやってみたいスポーツを自分なりの挑戦課題に自分のペースで挑戦し，そのプロセスでいろ

いろ創意工夫をして努力する学習体験が大切となる。この挑戦プロセスの中でスポーツの楽しさは体験できる。各スポーツにはそれぞれ特有の楽しさがある。その楽しさに十分触れる学習によってスポーツの機能的特性を体験するのである。子どもはスポーツを手段としてではなく目的とした学習によって，多くの派生的結果を学ぶことができる。そこには大人の管理下では得られない人・自然・ものと対峙した関係的世界があり，この世界を体験する学習によって，これからのライフステージを豊かに生きてゆく力を身につけることができる。そのためには競争社会の負の遺産である運動やスポーツにおける上手下手による評価を克服し，運動そのものがもっている本質的楽しさ（運動の機能的特性）に十分に触れる学習経験が大切となる。

《新開谷　央》

〈参考文献〉
1）稲垣佳世子・波多野誼余夫『人はいかに学ぶか』中公新書，1989年
2）門脇厚司『子どもの社会力』岩波新書，1999年
3）戸塚滝登『子どもの脳と仮想世界』岩波書店，2008年

Ⅱ章　これからの小学校体育の基礎理論

(1) 小学校児童の発育・発達

　一般的に，発達・発育は次のように捉えられている。発育は組織・器官の細胞数の増加，および細胞そのものの変化という生活体の形態形成過程であり，発達は受精による個体の発生から死に至るまでの過程における心身の量的，質的変化と分けることもあるが，心身の量的，質的変化には心身の形態・構造・機能の変化が含まれる（『学校体育用語辞典』大修館書店）。このように，生得的要因が主となる発育と後天的学習による発達を区別することは難しいので，ここでは特別な場合を除いて両者を合わせたものを「発達」とする。

a　新しい体育学習と発達の考え方

　計画的な体育学習と児童の発達は次のような関係がある。

　一つは学習と学習の適時性（レディネス）の関係である。学習のレディネスは学習者に学習を行うのに必要な準備ができているかどうかということである。学習課題は，学習者が今現在獲得している発達段階に応じたレベルでなければならず，これを無視すると学習は困難になる。新しい単元に入るときには特に教師は児童一人一人がこれから学習する単元の内容に対してどの程度の力をもっているかを把握する必要がある。

　もう一つは学習と発達促進の関係である。学習のレディネスは今もっている力である。児童はこの今ある力をもって，教育的働きかけと主体的学習によって発達が促され新しい力を得る。つまり，新しい単元においてレディネスにあった課題の学習が進むと，児童は学習前とは違った新しい力を獲得することになる。したがって，今ある発達段階に応じた力で学習する過程で発達は促進され，その結果が次の学習のレディネスとなる。このように学習と発達は相互的

な関係にある。この関係は授業の学習過程の考え方にも通じる。

体育でも一人一人のレディネスが異なることを前提とした授業が大切である。この前提にたって個人のねらいやめあてに対応した学習が進められると、一人一人が自己学習能力を獲得する授業目標が達成できる。

b 生涯発達の考え方と児童期の発達課題

学校が労働期の準備であった時代、教育における発達の焦点はほぼ一人前と呼ばれる青年期までに限られていた。様々な社会変化と平均寿命の延長などにより学校の役割が大きく変化した。この変化に対応し、発達も青年期までの考え方から生涯にわたる発達への見直しが求められてきた。人生50年の時代では、学校は児童期や青年期の教育について一定の役割を果たした。しかし、人生70～90年の時代となると、学校期以外の各期の発達課題も各自が解決しなければならなくなった。葛藤を伴いつつもスムーズな次期への移行が望まれている。各期には一人一人の多様な体験に基づいた、それぞれの発達段階に応じたふさわしい生き方がある。

教科の性格上、体育では身体や運動能力の発達が重要な課題である。生涯学習社会における発達の点から見ると、ライフサイクルを見通し、児童期の発達課題を前提にした体育授業の計画、実践、評価が大切となる。この課題についてハヴィガーストとエリクソンの説を見てみよう。

ハヴィガーストは児童期に著しく発達する領域は次の3点としている。

① 生活の中心が家庭から友人・仲間へと進む発達。

② 神経と筋肉を使って遊戯や仕事をする身体的発達。

③ 大人のもっているような概念や論理や記号などの世界へ進む精神的発達。

体育は②の身体的発達を中心として、①や③の発達課題を促進する社会的機能が期待されている。

エリクソンは成長と社会との相互作用によって発達を捉え、各ライフステージで自分の生き方や自分らしさを見つけるために経験し、解決すべき「発達課題」を設定した。そして、その解決の中心的役割を担う力を「人格的活力」とした。ハヴィガーストの一番目の発達領域のように、児童期の子どもは家庭か

ら離れ，少しずつ仲間との行動を中心とした外部の社会で人間関係を結ぶようになり，活動の範囲が拡大してくる。エリクソンはこのような活動の場で，子どもが心身ともに集中した能動性を発揮したり，創造的な状況に没頭したりする傾向を「勤勉性」とし，もう一つの傾向として「劣等感」の危機があるとしている。さらにこの時期の発達課題である「勤勉性」と「劣等感」の間で揺れ動くなかで，子どもは自分らしさを身につけてゆく。この発達課題において中心的役割を担うのが「有能感」であるとしている。ここでいう「有能感」は競争社会における中心的原理であった他者よりも自分のほうが優れているという「優越感」ではなく，「自分は自分なりの力をもっている，と自覚できる力」である。子どもがこの有能感を体感できる環境が脱工業社会の到来とともに減少してきている現状を考えると，学校教育の中で児童一人一人が有能感を体感できる学習の組織化が求められる。

体育においても大きな社会での支配的な競争原理を用いた運動の，上手下手による評価を再考する必要がある。プレイの原理に基づいたカリキュラムにおいて子どもが有能感をもちやすい運動の単元の設定やそれにふさわしい学習環境や学習過程などの設定が重要である。

c 身体的発達

スキャモンの臓器別発育曲線では，児童期は神経系統の発達が盛んな時期であるが，筋肉や循環器などの一般型の発達は緩やかで，これは中学高校期に発達速度が増す。生殖型は小学校後期から中学校にかけて急速に発達する。身体臓器のこのような発達と関連し，体力や運動技能の発達にも児童期の特徴が見られる。一般に体力は調整力，筋力，持久力の順に発達する。調整力は神経系の発達に呼応し小学校中学年から高学年にかけて発達し，筋力や持久力は一般型の発育曲線に対応し小学校高学年から著しい発達が始まる。したがって，低学年ではいろいろな運動を経験し，様々な調整力を獲得する学習が望まれる。

手の骨は15歳で完成するといわれているように，児童期は一般型の筋肉や骨の発達が未完成である。このため，この時期に負荷が大きい運動を過度に行うとオスグットシュラッテル病や野球肘のように骨や関節などに障害を起こすこ

(1) 小学校児童の発育・発達

とになる。学校体育が原因でのこのようなスポーツ障害の発生は少ないが、少年スポーツではよく見られる。また、近年子どもたちの体格は向上したが、運動機能面では柔軟性と背筋力の低下が見られる。その結果、疲れやすいなどの不定愁訴や骨折、それに無器用などが問題となっている。これらは基本的生活習慣の未確立、社会環境の変化、また子どもの意欲や自己形成などと深く関連している。したがって、身体面だけで解決を図るのではなく生活習慣の見直しなどから全面的発達の課題として考える必要がある。

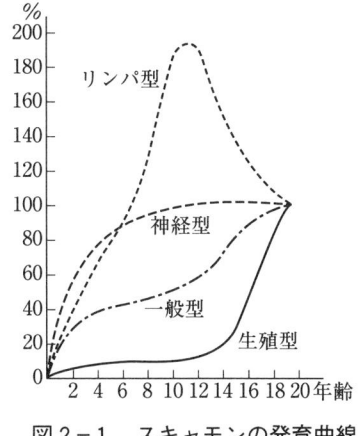

図2-1 スキャモンの発育曲線
（スキャモン他，1930）

d 運動技能の発達

子どもは体育授業やスポーツクラブなどでうまくできるようになることに大きな関心をもっている。運動技能の獲得と習熟は体育授業の重要な要素である。一人一人の運動欲求にあった技能の獲得は運動の楽しさを味わう大きな動機づけとなる。

児童は幼児期に走る、跳ぶ、投げる、捕る、よじ登るなどの基本的運動を身につけて小学校に入学してくる。しかし、低学年では一つの運動を集中して長時間持続できないため、大人が期待しがちな合目的的な運動はうまくこなせない。したがって、小学校の低学年では未分化であっても多様な運動経験が求められる。

中学年は筋の調整力が著しく発達し、また認知的理解も進みルールに従った運動ができるようになるため、少しずつ複雑な運動に挑戦し、運動が意識的に制御できるようになる。この時期は運動の「最適学習期」といわれ、いろいろな運動を学習する多くの可能性を秘めている。この時期の発達特性を理解していない指導者の中には大人と同じような運動やトレーニングを課題にする傾向も見られる。しかし、まだ筋力や骨格の成長が十分でないため、負荷の強い運

動や同じ運動の繰り返しのようなトレーニング的練習は避けるべきである。

　高学年になると，筋力や骨格や循環機能などの成長が著しくなり，神経系の機能と次第に調和し始め，一般的な運動技術の大部分を習得するレディネスをもつようになる。

　指導に際して運動技能の習得に個人差が大きい実態も十分考慮する必要がある。三木（1996）は運動技能の習得過程を学習者の主体の側から捉えて，①わかるような気がする，②できるような気がする，③できる，という3段階で説明している。この運動の習得過程を早くこなせる児童から，多くの時間をかけてできるようになる児童までそのペースは個人差が大きい。前者のような児童は比較的短い単元構成でも運動技能を獲得し，多くの成功経験をもち，運動を楽しいものと感じる。しかし，後者の児童では成功経験をもち，運動が楽しいと体感できるためには，その児童に適した技術指導と大単元のように時間的に余裕のある学習が必要となる。具体的学習場面において，児童一人一人のレディネスの状態や個人の学習ペースをよく見極め，一人一人にあった学習のめあてと方法で学習しているかを判断した指導が大切である。

e　仲間関係と社会的スキルの発達

　社会的知能，社会的スキルの習得が重要な教育課題になった。この背景には子どもの生活の変化や直接的体験を伴わない知識記憶重視の教育や管理教育などが考えられる。このような背景から生じた社会現象に学級崩壊やいじめなどの問題がある。これらの原因に対人関係がうまくできないといった社会的スキルの欠如が挙げられている。

　社会的スキルとは，人と接するときに相手の反応に対して効果的にかかわる行動の仕方の技術である。この社会的スキルは児童期においては仲間集団の中で育成されてきた。最近はこのスキル獲得の場が大きく減少した。それに伴い児童期の対人関係における仲間関係の意義はますます大きくなってきている。

　幼児期の仲間は年齢や立場などがほぼ等しい人間同士であり，仲間関係も保護者などの大人に守られた関係であるのに対して，児童期以降は少しずつ大人から離れた関係になってくる。保護者から離れた仲間関係はお互いに甘えが許

されない対等で容赦のない人間関係といえる。この関係を維持するには喧嘩などの葛藤場面があり，その解決には多くのエネルギーと社会的スキルを必要とする。このように子どもにとって多くのエネルギーを要する関係には大人との関係では得られない満足感がある。例えば，サッカーをしたいという欲求を満足させてくれるのは仲間であるし，気の合った仲間でサッカーをすること自体が楽しい場合もある。また，運動場面でのよいプレイに対して仲間からほめられることもある。このように，単純に一緒にいるのが楽しいとか，仲間からの承認や賞賛が得られるなどの満足内容である。しかし，この満足感を得るにはまず仲間活動に参加する仕方，そして，仲間のルールを認め，支持する方法も学ばなければならない。さらに，争いの適切な処理の仕方や仲間とうまくやるための感受性や機転の働かせ方も学ばなければならない。これらは社会的スキルの学習の具体的内容であり，また，この学習には社会的スキルを学ぶための潜在的能力が必要である。

子どもの社会的スキルは次のようにまとめられている（木下芳子編『対人関係と社会性の発達』金子書房，1992年）。

① 自己に関する行動（結果の受け入れ，責任ある行動，セルフ・ケアなど）
② 環境に関する行動（環境への配慮，食事や歩行上のマナーなど）
③ 課題に関する行動（質問と応答の仕方，注意の集中，クラス討論の仕方，課題の質を高めることなど）
④ 対人行動（他者への援助，会話の技術，遊びのルールの順守など）

児童期後期はギャングエイジと呼ばれ，ギャング集団はこのような社会的スキルを多く獲得できる場といわれている。ギャング集団は数名ないし十数名の主として同性の遊び仲間の成員から構成され，仲間うちにだけ通用する掟をつくるなど強い結束を示す。多くの場合タテ社会であり，親のいいつけよりも仲間との約束や掟を優先させる傾向が強く，告げ口などの掟破りには仲間から外すなどの制裁も見られる。大人の介入を嫌う傾向があり，先輩が絶対的権力を持つなど封建的側面もあり，また反社会的行動も見られる。しかし，このような集団の中で仲間への思いやりやかばい合い，リーダー・フォロアーなどの役

割行動の獲得，さらには，様々な技術の伝達などが行われる。Ⅰ章でも述べたが，近年，このようなダイナミックな仲間集団が見られなくなってきた。このような集団を復活させようという大人の試みも見られるが，このような場合大人の介入は避けられず，子ども独自の活動とはいいがたい。しかし，子どもが自分たちでルールを設定し，自分たちで活動を作り上げていく行動はこれからの社会では必要な技術である。学校や体育における直接的体験学習のなかで，子どもの生活に必要な新しい社会的なスキルが獲得されていく必要がある。

学校体育でも自発的に運動に参加し，運動のルールを自分たちの運動レベルに応じて設定しゲームをする中で運動の楽しさを体感し，仲間と交流し合う学習が一般的になろうとしている。このような体育の学習がギャング集団のようなダイナミックな仲間関係の機能をすべて果たせないとしても，重要な社会的スキルのいくつかは学習できると考えられる。

f　性差の発達

生物学的性の発達はスキャモンの発育曲線に見られるように青年期から第二次性徴が始まる。生活環境の変化により特に女子児童に性的成熟が早期化する傾向にある。児童期後期の女子に初潮など第二次性徴が始まるケースが多く，体育の授業でも身体発達上のバランスが崩れる児童もいるので，一人一人の特徴を十分把握した指導が望まれる。生物学的性のほかに誕生後社会的・文化的に形成されるジェンダーと呼ばれている性がある。性の社会的役割は社会と時代によって変化する。産業社会では生産の場での筋肉労働が男性を必要としたが，機械化によって男性特有の労働は減少した。女子には過酷で無理といわれたマラソンやサッカーがオリンピック種目となった。敗戦後の社会は基本的人権の尊重や男女の平等をうたった社会であり，学校では男女共学が始まった。しかし，1980年に「女性差別撤廃条約」に署名したが，その条約の国会批准は５年遅れた。このように男女の社会的平等が一般的に意識されるようになったのは近年のことである。長い間，日本では誕生後間もなく家庭や地域社会において無意識のうちに男の子は男らしく，女の子は女らしくしつけられてきた。

体育の学習においても低学年ではほぼ同じ内容を学習するが，学年が進行す

ると次第に男女別のグルーピングで学習が進められる傾向がある。中学校，高校では柔道とサッカーは男子，ダンスは女子という時代が長く続いた。1989年の指導要領改訂でこの性による不平等が撤廃された。しかし，学校も大きな社会の中の小さな社会として，いまだクラブ活動や潜在的カリキュラムの中で性的役割を規定している傾向が見られる。生涯スポーツの観点からも，性差別のない体育・スポーツ・ダンスの指導に学校全体で取り組むことが望まれる。

《新開谷　央》

〈参考文献〉
1）北尾倫彦・小石寛文ほか『発達・学習・教育』福村出版，1993年
2）木下芳子編『対人関係と社会性の発達：新・児童心理学講座　第8巻』金子書房，1992年
3）遠藤恵子・竹内彰啓・谷田部武男『ソシオロジー』福村出版，1992年
4）島崎仁他編『体育・保健科教育論』東信堂，1988年
5）金子朋友監修，吉田茂・三木四郎編『教師のための運動学』大修館書店，1996年

(2) 楽しい体育の基本原理——プレイ論と運動特性論をめぐって

「Play＝プレイ」とは，この言葉が示す辞書的な意味からすれば「遊ぶ」「遊戯」ということであり，それはただ単に現象を指し示す，言語の指示的記号によって表される観念を示したものにすぎない。しかし，ここで取り上げる「プレイ論」は，「遊ぶということ」に対する人間にとっての意味や価値を論じる思考の対象と関連づけられた観念や考え方を示したものである。とりわけ，体育の学習との関係では，人間がこれまで創り上げてきた運動にかかわる文化的所産＝運動文化，とプレイとがどのようにかかわり，それを学習内容とする体育にどのように生かされるのかを問題にする立場で論じられる。歴史的には，民間研究団体である全国体育学習研究会の指導者であった竹之下休蔵が，1967年の全国大会（和歌山）で体育学習にプレイ論の導入を問題提起したことから始まった。ここでは，特に上記の意味で今日の体育学習の基礎理論となっているプレイ論における「プレイ」の概念と分類をヨハン・ホイジンガ（J. Huizinga）とロジェ・カイヨワ（R. Caillois）のそれから整理した上で，その内容が子どもの運動に対する必要や欲求を充足する「運動の捉え方」（運動の機

能的特性）とどのように結びついているのかについて述べてみよう。

a　ホイジンガのプレイ論

　ホイジンガは，その著『ホモ・ルーデンス』でプレイの意味を広く社会全体の中に位置づけ，それが人間の文化を生み出し，育む根源的な力になることを示した。すなわち，プレイは文化よりも古く，人間の文化はプレイの中において，プレイとして発生し，展開してきたのである。

　このような考え方は，明らかにこれまでのようなプレイは何かのために役立つ手段的な意味をもつと考える，いわば手段論的なプレイ論とは異なっている。例えば，将来の生活の準備行動として子どもの時期に遊戯が行われると考える「生活準備説」や日常生活における不必要で，有害な傾向を無害なうちに発散させ，それを弱めるために遊戯が行われると考える「浄化説」などは，いずれもプレイはプレイ以外のあるもののために行われ，それは結局人間が生物としてその生命を維持存続させていく生物学的な目的のために役立つものという認識でしか捉えられていない。これに対しホイジンガは，プレイの目的はプレイする行為それ自体の中にあり，人々をしてプレイに誘い込み，夢中にさせるものはプレイのもつ楽しさ，おもしろさ（fun）しかありえないと主張する。そして，このプレイのおもしろさを生む原動力は，決して先に示した手段論的な生物学的分析からは説明されず，またそれ以外のどのような論理的解釈も受けつけないプレイ固有の本質であり，そのおもしろさはそれ以上根源的な観念に還元させることができないとする。したがって，人間の文化はプレイへの熱中，感動によって支えられ，それが形式化，洗練化された所産として生み出されたものと考えられるのである。

　また，彼はこのようなプレイの内容を，何ものかを求めての「闘争」と何かを表す「表現」の二つの次元で捉えようとする。そして，これら二つの次元は，人間にとって文化を発展させる力になると同時に自己表現を通じて彼らの成長・発達を促し，文化の新しい創造性を発揮する力になると考えるのである。このようなプレイのおもしろさに支えられた二つの次元の活動は，スポーツやダンスのもつプレイとしての性格を考える上でも非常に有益であり，体育学習

の中でその本質を楽しさ，おもしろさに求める理論的な前提になっている。

さらに，ホイジンガは，こうした文化的機能を果たすものとしてのプレイに必要な形式的な特性を以下のように押さえている。

①自由な活動…プレイは参加者の自発的な意思によって自由に行われる活動である。この活動は，参加者の自由意思によっていつでも延期できるし，まったく中止してしまうこともできる。肉体的必要性や道徳的義務感から行われるものでもない。強制され，命令されて行われるプレイは，もはやプレイではなくなる。
②非日常的な活動…プレイは実生活以外の虚構の活動として認識される。プレイは「日常」のあるいは「本来の」生ではありえず，日常生活から，ある一時的な活動の領域へと踏み出していく。そこでは，ただ楽しみを求めるために本当のことをするふりをしていることが意識されている。
③没利害性のある活動…プレイは日常の利害関係を離れた性格をもち，必要や欲望の直接的満足という過程の外にあるばかりでなく，ただ単にプレイするという目的以外の欲望の過程を一時的に停止させる。プレイはそれだけで完結している行為であり，その行為それ自体の中で満足を得ようとして行われる活動である。
④時間的・空間的に分離された活動…プレイは日常生活から，その場と持続時間とによって区別され，完結性と限定性をもつ。それは定められた時間，空間の限界内で「行われ（プレイされ）」，その中で終わる。
⑤ルールのある活動…プレイはプレイを進行させるためにそれ自体秩序をもった世界であり，実際にはルールによって形成されている。プレイのルールは絶対の拘束力をもち，これを疑ったりすることは許されない。したがって，ルールを破ることはプレイを破壊することにつながる。

以上のようなプレイの形式的特徴をまとめてみると，プレイは参加者の自発的な自由意思によって，あらかじめ決められたルールに従い，行為それ自体の満足を得ようと努力したり，自己を表現したりする非日常的，没利害的な世界の中で営まれる行為であるということができる。

しかし，このような捉え方だけでは，文化としてのプレイの意味や意義が運動文化やスポーツとどのように具体的に結びつくのかが明確にされにくい。また，ホイジンガが文化を創造する原動力としてのプレイを価値的に捉えすぎる

あまり，その形式的特性を示すプレイの内容は後述するカイヨワに比べ，極めてその範囲が限定されたものになっている。そこで，次にホイジンガのプレイ論を批判的に継承したと評される，カイヨワのプレイ論をみていくことにしよう。

b　カイヨワのプレイ論

　カイヨワのプレイの定義は，前述したホイジンガの五つの形式的特徴に加え，「不確定な活動」を入れているところに特色がある。これは，プレイがルールの範囲内で参加者の創意工夫や発明を許しているので，あらかじめ成り行きがわかっていたり，結果が得られたりすることはないとする定義である。

　次に，彼はこのようなプレイの定義に基づいて，さらにその発展段階をパイディアからルドゥスへのそれとして捉える。パイディアとは，幼児の遊びの衝動，本能そのままの表現で，例えばはね回ったり，はしゃいだり，なぐり書きをしたりなど，まだその遊びがきまりや名前すらもたない段階である。このような衝動的な，秩序すらない遊びに，きまり，わざ，道具などが現れ，それが繰り返されることによって遊びは名前をもち，組織化，制度化されていくことになる。そこには，自由で気紛れな原初的プレイ衝動として現れるパイディアを統制し，厳密なルールに従わせ，緊張を求めるルドゥスへの発展が考えられている。

　すなわち，プレイが文化を創り，育てる力をもつためには，パイディアに見られる自由で即興的，衝動的な力が，ルドゥスに向けて秩序づけられ，努力や工夫を求めて変化することが必要なのである。前述した竹之下のプレイ論は，このようなルドゥス的なプレイを求めることの中に人間のプレイに対する根源的な欲求を位置づけ，それをプレイとしての運動（スポーツやダンス）に結びつけて捉えることによって，人間の運動に対する欲求をこの立場から正当化しようとしたと言えるだろう。

　さて，ルドゥスの段階に発展したプレイは，プレイヤーの欲求や願望などの心理的態度あるいは他に還元できない本質的衝動として，以下に示す四つの基本的なカテゴリーに分類される。

①アゴン（agon）…人為的に平等のチャンスが設定されたところで，外部の力を一切借りずに，ある一定の資質を競う「競争」という形式をとるプレイ。このプレイの原動力となるのは，その分野で自分が優れていることを認めさせようとする願望であり，それゆえにこの実践は持続的注意，適当な練習，熱心な努力，勝利への意志などが前提とされ，規律と忍耐が要求されることになる。（例えば，スポーツ全般，チェスなど）

②アレア（alea）…アゴンとは正反対に，プレイヤーの力の及ばない偶然や運に身を任せて行われるプレイ。原動力となるのは無為にして幸運をつかむことであるから，プレイヤーは完全に受け身であり，自らの資質，能力，あるいは自己の技量や筋肉，知性といった手段を用いず，ただ期待と不安のうちに運命の宣告を待つだけである。（例えば，ルーレット，バカラなど）

③ミミクリー（mimicry）…自分の人格を一時的に忘れ，偽り，捨てて，別の人格を装うことにより，模擬，模倣，仮装を行うプレイ。本当に他者になるのではなく，そのときだけ他者のふりをし，創造すること，そしてそのように信じ込むことがこのプレイの中でルールの代わりをする。（例えば，演劇，ものまねなど）

④イリンクス（ilinx）…一時的に知覚の安定をくずし，意識を官能的な，心地よいパニック状態に陥れ，めまいの追求を基礎とするプレイ。いろいろな身体の動かし方がこの感覚を引き起こすが，心理的なもの，さらにはアルコールや麻薬などの化学的薬物によってもこの状態がつくられる。もちろん後者は，変質的なプレイとしてそれを防止する装置が必要となる。（例えば，ジェットコースター，スキーなど）

具体的な遊びの形式は，この四つの原理の複合から成立するものが多いが，カイヨワは先に見たパイディアからルドゥスへのタテ軸のプレイの発展とこの四つの原理からなるヨコ軸のプレイのカテゴリーを組み合わせて，表2－1のような「遊びの配分」を示している。

表2-1　遊びの配分

	アゴン(競争)	アレア(機会)	ミミクリー(模擬)	イリンクス(眩暈)
パイディア 喧騒 混乱 哄笑 凧揚げ 穴送り ペイシェンス クロスワード・ パズル ↓ ルドゥス	ルールのない｛競走 　　　　　　闘争 　　　　　　など 陸上競技 ボクシング， ビリヤード フェンシング， チェッカー サッカー，チェス スポーツ競技一般	番決め唄 表か裏か 賭け ルーレット 宝籤(単式,複式, 　繰越式)	子供の物真似 幻想の遊び 人形遊び 玩具の武具 仮面，変装 演劇 一般のスペクタ クル芸術	子供のくるくる回り 回転木馬 ブランコ ワルツ ボラドレス，祭 　りの見世物 スキー 登山 綱渡り

注意——どの欄においても，いろいろな遊びは，大体のところ，上から下へ，パイディアの要素が減り，ルドゥスの要素が増す順序に従って並べてある。
(カイヨワ, R., 清水幾太郎他訳『遊びと人間』岩波書店，1970年，55頁より引用)

このように，ホイジンガやカイヨワのプレイ論は，体育の学習内容を構成するスポーツやダンスなどの運動が遊びの領域に位置づけられること，それゆえにプレイの本質である楽しさやおもしろさを求めて人々はスポーツやダンスなどの運動を行うこと，そしてそのような行為の中にプレイとしての運動を文化として享受し，発展させていく意味や価値が見出せることなど，体育授業における運動学習の様々な文化的，社会的な意味や可能性を明らかにしてくれているのである。

c　プレイ論から運動特性論へ

　人間が運動の楽しさを求めて運動にかかわることの文化的，社会的正当性とその意義については，ホイジンガ，カイヨワのプレイ論から明らかにされたが，それではどのような運動が体育の学習内容として妥当性をもつのであろうか。
　特に，カイヨワのプレイ論における人間のプレイに対する四つの根源的欲求による分類(競争，偶然，模倣，めまい)からは，すでに述べたように「スポーツ」を「競争」の楽しさ欲求に基づく遊び，「ダンス」を「模倣・変身」の楽

しさ欲求，あるいは複合的に「めまい」の楽しさ欲求に基づく遊びとして分類することができる。

またその後，英国の P. マッキントッシュ（P. McIntosh）のスポーツ論や米国の J. W. ロイ（J. W. Loy）のゲーム論からは，特に競争的なスポーツやゲームについてその分類がより詳細に示された。例えば，マッキントッシュは，カイヨワの「競争（アゴン）」の概念ではスポーツの本質的特徴を十分に示すことができないとし，スポーツにおける競争は，とりわけ「卓越性（superiority）」を求めて努力すること，そのために自分自身や相手あるいは相手チームに果敢に挑戦し，卓越性を競うことに一般的な特徴があると論じた。そして，新たに相手と1対1で直接，間接に接触する闘技スポーツ（combat sports）と対自然（環境）を相手にして挑戦する征服（克服）スポーツ（conquest sports）の概念を加えた。ロイによる競争欲求に基づくゲームは，①個人間の競争（ボクシング，100m走等），②チーム間の競争（ホッケー，ヨットレース等），③個人あるいはチームと自然界の動物との競争（闘牛，しか狩等），④個人あるいはチームと自然界の動物でない対象との競争（カヌー，登山等），⑤個人あるいはチームと観念的基準との競争（記録の達成をめざす個人やチーム）に分類された。

このような運動欲求の充足の仕方（楽しみ方）の分類は，一つの運動には複数の楽しみ方があることも示している。例えば，陸上競技の走り高跳びは，個人対個人の競争を楽しむことができると同時に自己記録の更新の達成に挑戦することを楽しむこともできるし，跳び箱運動では跳び箱の高さに挑戦する克服型と観念的なフォームやできばえに挑戦する楽しさも味わうことができる。いずれにしても，このような複数の楽しみ方を学習者の興味や関心，能力に応じて選び，学習者の運動の楽しさを深め，確かなものにしていくことが重要である。

つまり，これまで述べてきたプレイ論を基盤とした運動の分類は，運動を楽しむ人（学習者）の側からの欲求に基づいて捉えようとしたものであり，自発的・自主的に学習を進めるための「運動の取り上げ方」を論じたものといえるだろう。このような「運動の取り上げ方」は，運動の意味や価値を運動の技術

やルールなどの形態や構造に実体化するのではなく，まずもって人間が運動にかかわろうとするその「かかわり方それ自体」を見つめ，運動がもたらす可能性のある「おもしろさ」「楽しさ」といった「働き」「機能」を第一義において捉えようとするものであるといえる。このように捉えられた運動の特性は，「運動の機能的特性」と呼ばれる。そして，プレイの特性からその自由性のある活動は，学習者の運動参加への自発的・自主的な態度と結びつき，それを育成し，洗練していく可能性があることから，生涯にわたって運動にかかわろうとする基礎的な運動学習が小学校においても展開される可能性を拓くのである。

表2－2は，これまで述べてきた機能的な特性に基づく運動の分類を表したものである。ダンスや体操については詳述できなかったが，特に体操（体つくり運動）については，これまで述べてきたプレイの欲求から分類されるというより，身体の必要に基づいて分類されることが特徴である。

したがって，体つくり運動の学習では，その運動内容がどのような身体の必要性に基づく運動であるのかを理解し，その変化の結果や意味を知ったり，考えたりすることが重要になってくる。

表2－2　機能的な特性に基づく運動の分類

Ⅰ．欲求の充足に基づく運動 　1．挑戦欲求に基づく運動——スポーツ 　　(1) 他者へ挑戦し，勝敗を競い合うことが楽しい運動——競争型 　　　① 個人対個人のスポーツ 　　　② 集団対集団のスポーツ 　　(2) 自然や人工的に作られた物的障害へ挑戦し，それを克服することが楽しい運動——克服型 　　(3) 記録やフォームなどの観念的基準へ挑戦し，それを達成することが楽しい運動——達成型 　2．模倣・変身の欲求に基づく運動——表現・ダンス 　　(1) リズムを動きで模倣したり，リズミカルな動きで変身することが楽しい運動——リズム型

> (2) 具体的な対象を模倣したり，それに変身することが楽しい運動——模倣遊び型
> (3) 形式をもつリズミカルな動きを模倣したり，それを表す対象に変身することが楽しい運動——フォークダンス型
> (4) 特定の考えや対象を動きによって模倣したり，それに変身したりして表現することが楽しい運動——創作ダンス
> Ⅱ．必要の充足を求めて行われる運動——体つくり運動
> からだの必要の種類に応じて分類される。

（宇土正彦編著『体育科教育法入門』大修館書店，1983年，64頁を改変）

《菊　幸一》

〈参考文献〉
1) カイヨワ，R., 清水幾太郎他訳『遊びと人間』岩波書店，1970年
2) ホイジンガ，J., 高橋英夫訳『ホモ・ルーデンス』中公文庫，1973年
3) マッキントッシュ，P., 竹田清彦他訳『スポーツと社会』不昧堂出版，1970年
4) 菅原禮編著『体育社会学入門』大修館書店，1975年
5) 竹之下休蔵『プレイ・スポーツ・体育論』大修館書店，1972年
6) 宇土正彦編著『体育科教育法入門』大修館書店，1983年

(3) 学習内容の捉え方

a 「三角形としての運動」とは何か？

　体育で教える運動は，単なる「体の動き」ではない。例えば，「ボールを投げること」は体の動きである。ただ，体が動いているだけである。では，ドッジボールと「ボールを投げる」ことは同じだろうか。

　もちろん，ドッジボールでも「ボールを投げる」のだが，ルールがあったり，相手チームや味方チームの仲間がいたり，コートがなければ，それはドッジボールにならない。つまり，ドッジボールとは，「体を動かすこと」だけを言うのではなく，ルールを作ることで「体を動かしている自分＝自己」と「相手チームや味方チームといった他者」と，「ボールやコートといったモノ」が，関係を結んで出来上がった，ひとつの「出来事」あるいは「世界」のことだと考

えるべきではないか。

　生涯にわたって親しまれる運動とは，このような「世界としての運動」である。決して単なる「体の動き」ではない。このように考えると，生涯スポーツを目指す体育では，この単なる「体の動き」ではない「世界としての運動」を教える必要がある。そのことを示すために，体育で教える内容としての運動を，下記のように「三角形としての運動」であると理解することが望まれるわけである。

図2-2

b　三角形の中には何が入っているのか？

　次に，運動には様々な種目があるから，上の三角形は種目によって違うと考える必要がある。「サッカーという運動」とか「マットという運動」など，単元で取り上げる内容に応じて，三角形は一つ一つ違う。この違いを表すものが，「運動の特性」という言葉である。「運動の特性」とは，この意味で，三角形の「中身」の違いのことを指している（下図参照）。

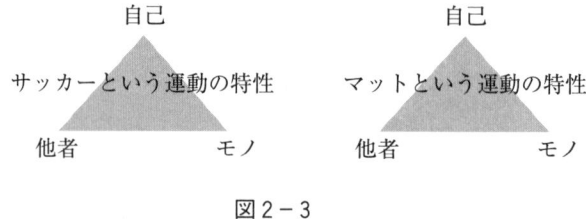

図2-3

　「自己」「他者」「モノ」の三つの要素が，ルールに基づいて関係づけられ，三角形としての「運動」を作ることができるのは，中心に，この「運動の特性」という求心力があるからである。例えば，「サッカー特有の楽しさ」を生み出

すために，ルールが作られ，「自己」と「他者」と「モノ」の三つははじめて結びつき，そして「サッカー」という「世界」が作られている。この意味で，体育で一番教えたい内容は，まず，この「運動の特性」である。言い換えれば，「サッカーというのは，ここが面白い運動なんだぞー」ということとも言える。単元で取り上げた，独特の三角形の中身が，教える内容になるということと言い換えてもよい。

c 「運動の特性」をどのように捉えるのか？

「運動の特性」には，大きく分けて，三つの捉え方がある。一つ目は，「この運動をしたときに，この運動ならではという形でもたらされる，運動の効果」である。例えば，マット運動に比べて，サッカーの方が，仲間との関係をよりよく作ったり，ルールを考えたりすることの力は伸びる，といったことである。また逆に，マット運動の方が他の運動に比べて，「場」づくりを工夫する力が高まる，といったことも「この運動ならでは」の効果である。

次に二つ目は，「この運動ならではという形で含まれている技術」のことである。足でボールを操ったり，ボールを足で扱いつつ，人のいないところに移動できたり，逆に人のいないところでボールをパスしてもらえるように動く，といったことは，サッカーならではの「技術」である。

最後に三つ目は，「この運動ならではという形でもっている楽しさ」のことである。ハンドボールとバスケットでは，やはり楽しさが違う。また，走り幅跳びと走り高跳びでは，やはり面白さが違う。ただ，ここで気をつけなければならないことは，このときの「楽しさ」とは，子どもたち一人一人が実際に感じていたり，例えば「学習カード」で感想を書かせたときにでてくる「楽しさ」のことではなく，運動の側にあって，大げさに言えば，人類の誰もがその運動に対して必ず感じる，いわば「客観的な」楽しさのことである。

さて，この三つの捉え方の関係はそれではどうなるのであろう。一つ目の「効果」の面での特性は，運動そのものの特性というよりも，運動を学習するときにでてくる，いわば副次的な特性である。一方で，二つ目の「技術」の面の特性と，三つ目の「楽しさ」の面の特性は，運動そのものの中に含まれる特

性である。まず，この二つが，大きく分けられる。一つ目の「効果」の面での特性は副次的なものなので，子どもにしてみても，そのことを直接のねらいとして学習することはできない。例えば，「場を工夫する力をつけるためにマット運動を行う」というねらいを，子ども自身は持ちにくい。あくまでも，マット運動を行うことがまずあって，それを行うことで，副次的に「場を工夫する力」も育つことになるわけであるから，教師が知っていたり配慮すればよい事柄で，学習指導の中では中心的な特性とはならないと言ってよい。

　一方，「技術」と「楽しさ」は，直接，子どもがねらいとしてその獲得を目指す内容である。ここで難しいのは，三角形としての運動，あるいは「世界としての運動」を教えるためには，この「技術」と「楽しさ」を合体させて教えなければならない点である。ただの「体の動き」を教えるのであれば「技術」だけでよい。一方で，とにかくなんでもいいから活発に活動するだけでよければ「楽しさ」だけでよい。ところが，「世界としての運動」には，その運動に特有の楽しさ，が必要なわけであるから，特有の「技術」と特有の「楽しさ」は，切ってもきれないわけである。

　このときに，昔の体育，そして今も，「技能主義」といわれる体育では，「まず技術を教えよう，そしたら楽しさもわかるだろう」という形で，「技術→楽しさ」の順番で教えようとする。今でも，「最低限の技能が身につかなければ運動は楽しめない」というのが，こうした考え方の代表例である。しかしこの流れの学習指導は，最初の「技術」を学ぶところで，意欲的な子どもはそれなりにがんばれるが，苦手な子どもや意欲の低い子どもは，技術の習得がそもそもできず逆に「体育嫌い」を生み出すこともある。

　そこで，「楽しさ」の方から逆に学ばせようと考えたのが，「楽しさ主義」の体育である。しかし，「楽しさ」を学ばせるというのは，具体的には何を手がかりにすればよいのか，考えてみれば難しいことである。ほうっておいても，運動をすればいつでも楽しいとは限らない。このような流れの中で，では，子どもが何に挑戦しているか，という視点から「楽しさ」を考えてみればどうだろう，ということで広がったのが「機能的特性」という考え方である。例えば，

スポーツの楽しさを，この考え方からは「競争型」「克服型」「達成型」という三つのタイプに分ける。例えば，サッカーだと「チーム対チームの競争が楽しい」，マットだと「この能力に応じて技を獲得＝達成することが楽しい」といった捉え方のことである。

d 「機能的特性」の考え方

この機能的特性の考え方について，ここでは少し丁寧に考えてみよう。体育におけるスポーツや運動は，スポーツやダンスなどの「欲求」を充足する運動と，体操などの「必要」を充足する運動の，大きくは二つに大別される。スポーツやダンスが私たちの「欲求」を充足するということや，体操が私たちの「必要」を充足するということを学ぶということは，生涯を通じてのスポーツや運動が，人間の生活や社会においてどのような機能を果たすのかを理解することであり，様々な機能の中で，どのような機能がスポーツや運動にとって本質的なものであり，また付加的な機能との関係がどうなっているのかについて学ぶということである。

そもそもsportという言葉は，否定の接頭語であった〈dis〉と，労働を意味する言葉であった〈port〉が組合わさった〈dis・port〉という言葉を語源としており，「労働ではない楽しみごと」という意味から「遊び」や「非日常」という言葉とほぼ同義の内容を含むものであった。このことからもわかるように，私たちの生活の中では，「楽しみごと」として位置づけるのが，まずはスポーツの本質的な意味であり，この点からするとスポーツは，「楽しさ」や「面白さ」として感じられる「遊び」の欲求を充たしてくれるところに，本来的な生活上の機能を持つ文化である。生涯にわたって人間がスポーツを行うのは，まずこのようなスポーツの持つ「欲求」充足を求めての上でのことであろう。また，ダンスも同様の「遊び」の欲求を充たしてくれるものであるから，スポーツとほぼ同じ機能を持つものとして考えてよい。

スポーツは挑戦欲求（アゴン）を充足する運動，ダンスは模倣・変身欲求（ミミクリー）を充足する運動として分けられる。さらに，挑戦欲求を充足するスポーツは，挑戦のタイプによって競争型（人への挑戦…個人対個人，チーム対

Ⅱ章　これからの小学校体育の基礎理論

チーム），達成型（観念的基準としての記録や技への挑戦），克服型（物的障害への挑戦）に分かれ，模倣・変身欲求を充足するダンスは，リズム型，社交型，創作型，バレエ型に分かれる。このような「運動の機能的特性」は，スポーツや運動の具体的な意味や機能であるから，学習のねらいや学習指導の目標を方向付けることにもなるわけである。

　一方で，運動が人間の身体にとって「必要」であるということを理解することも重要な内容である。体力の向上や，健康の維持・増進のために運動することは，人間にとって欠かせないことである。もちろん，このような運動による「必要」の充足は，スポーツやダンスといった「欲求」の充足としての運動が役に立つことはいうまでもない。また，学齢期の体育では，卒業後の準備という意味とともに，小学校なら小学校期の，中学校なら中学校期の生涯スポーツの実践の一場面にも他ならないから（図2-4），「必要」の充足についての学習だけでなく，即「必要」の充足を図ること＝子どもたちの体力や身体能力を育てたり，健康の維持増進を図ることも大いに大切にされる必要があろう。

　このような「機能的特性」を学ぶことは，とりもなおさず，体育の目的を生涯スポーツとの関連から考えるからであり，体育における「目的」と「内容」の整合性を考えるからである。生涯にわたって続けられる「内容」としてのス

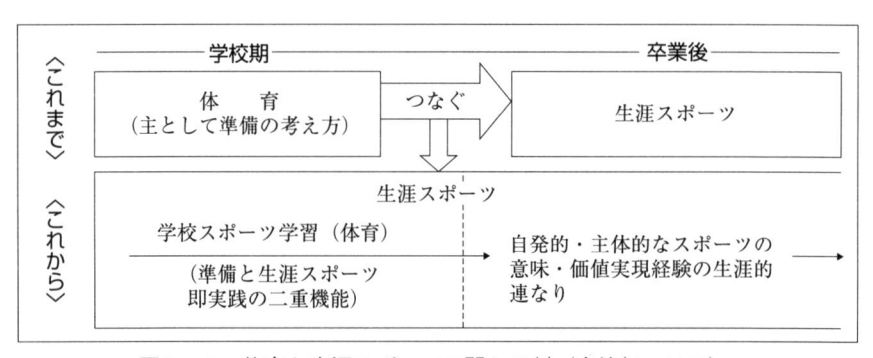

図2-4　体育と生涯スポーツの関わり[*1]（島崎仁，1990）

[*1]　島崎仁「カリキュラム編成についての基本的な考え方」（松田岩男他編『新しい体育授業の展開』大修館書店，1990, p.250）

ポーツや運動は,「欲求」と「必要」の充足を意味や機能として果たすものであり,学習(教育)内容としてのスポーツや運動は,だからこそ,まずこの側面から捉える必要があるということであろう。

e 「機能的特性」を出発点として

けれども,この捉え方からでは,サッカーとバスケットの「特有の楽しさ」の違いは説明できないところが残る。そこで,この楽しさに「技術」の面の特性を加えて捉えることが必要となってくる。しかし,「加える」という考え方では,「楽しさ」と「技術」は基本的には結びついていないので,「楽しさ」だけが一人歩きするときがでてくる。例えば「競争の楽しさ」は,いわば「ゲーム」のことであるから,内容には関わらず,「競争」さえさせていれば子どもたちは活発に活動を行う。けれども,そこには活動はあるけれども学習はない,あるいは活動しても何も身についていない,ということもでてくる。

スポーツや運動における技術は,「内容」としての運動の主要な部分を占めているということができる。技術とは,一般に物事を巧みに行う技のことであり,目的に至るための合理的な手段や方法として捉えられる。例えば,走り高跳びにおいて,「助走」「踏切」「空中動作」「着地」といった運動の局面ごとに,「バーを跳び越す」という目的に対して,それぞれ跳び越すための合理的な身体の動きが問題となる。このときに,望ましいあり方として選ばれ,身につけようとされるものが運動の技術である。「欲求」充足の運動にせよ「必要」充足の運動にせよ,この技術をめぐっての活動がそれぞれの運動の意味や機能を具体的に担っているものであるから,「内容」としての運動を学ぶときに,運動技術を身につけようとすることは中心的な内容である。

ただ,生涯スポーツにつなぐ体育の目的から考えた場合,「内容」としての運動は「欲求」や「必要」の充足として位置づける必要があるから,特に「欲求」充足としての運動における技術のあり方については,そうした技術が日々の実用的な生活の中にある「できなければならないもの」としての意味をもってではなく,非実用的な「あえて取り組んでいるもの,できないからこそ面白くて取り組むもの」であるという,技術の意味についてもあわせて学ばれる必

要がある。このために，こうした技術の学習は，「欲求」充足のための手段としてのものであるから，学習する子どもたちの自発性や主体性が最大限発揮されて行われることが重要である。子どもたちの自発性や主体性の発揮とは，遊び（プレイ）のときがそうであるように，課題や活動を自分自身で発見したり計画したかどうかが問題になるのではなく，その活動に自分自身が我を忘れて「夢中」になっているかどうかが問題である。このような積極的な子どもの活動を引き出すことを通じて，技術を一人一人が身に付け内面化し，個々人の技能が高まることが望まれる。

つまり，「技術」と「楽しさ」を分離させない「運動の特性」の捉え方が必要になるということである。これは，言い換えると，単元で扱っている運動は，「どのような技能の面白さから成り立っている運動なのか」を考えることでもある。なぜなら，「技術」と「楽しさ」は別々にあるのではなく，「技術を駆使すること」が「楽しいこと」である，というのが，その運動に特有の楽しさだからである。

以上のような理由で，「三角形としての運動」を学習させるためには，その求心力となっている「運動の特性」を，その運動を成り立たせている特有の「技能を駆使する楽しさ」の面から，はっきりと捉えておく必要がある。このことが，体育の学習では，子どもが直接にねらいとする内容になる。ここが明確に，指導案にも「運動の特性」として示されていなければ学習指導になりにくいともいえる。

次頁の表2－3は，いろいろな運動に特有の「技能を駆使する楽しさ」について現段階での考え方をまとめたものである。このような運動の特性の捉え方を通して，体育で教える内容は明確になるのである。

f　ルール及びマナー

スポーツや運動のルールやマナーも，運動の特性と同様に学習の主たる内容である。後に述べる，安全に関する内容と含めて，運動の特性を取り巻きつつ，運動を行うためには欠くことのできない内容であろう。ルールのある活動がスポーツや運動であるから，ルールを守ることは大変重要なことである。また，

(3) 学習内容の捉え方

表2－3

内容		教材（学習材）	攻防の特徴	局面数	
ボール運動	ゴール型	バスケットボール	攻守入り乱れ	3	手でボールを操作したり，操作しない動きを使って，相手の相手陣地に運ぶことができるかどうか／手でボールを操作したり，操作しない動きを使って，スペースをキープすることができるかどうか／手でボールをリングにうまく入れることができるかどうか
		サッカー	攻守入り乱れ	3	足でボールを操作したり，操作しない動きを使って，ボールを相手陣地に運ぶことができるかどうか／足でボールを操作したり，操作しない動きを使って，スペースをキープすることができる，チャンスを作ることができる／ボールをゴールにうまく入れることができるかどうか
		ハンドボール	攻守入り乱れ	3	手でボールを操作したり，操作しない動きを使って，ボールを相手陣地に運ぶことができるかどうか／手でボールを操作したり，操作しない動きを使って，スペースをキープすることができる，チャンスを作ることができる／ボールをゴールにうまく入れることができるかどうか
	ネット型	ソフトバレーボール	攻守分離	3	手でボールを（弾いて）操作したり，操作しない動きを使って，相手コートにボールを落とすことができるかどうか／手でボール（弾いて）操作を使って，自陣コートに落とさせないられるかどうか／ボールをうまく切り替えて組み立てできるかどうか
		プレルボール	攻守分離	2	手でボールを操作して，相手コートにボールを返すことができるかどうか／手でボールを返らせないことができるかどうか
	ベースボール型	各ベースボール型運動	攻守交代	3(2)	手でボールが打つ（蹴った・投げた）相手が打った（蹴った・捕った）ボールをうまく捕ることができるかどうか／ベースへの転送されるよりも速く，進塁した状態に戻ることができるかどうか／ボールを，ねらったところに打つことができるかどうか／相手が進塁する前にボールを投げることができるかどうか
器械運動		マット運動			安定した状態から，回っても，安定した状態に戻ることができるかどうか
		跳び箱運動			安定した状態で跳び形で越すことができるかどうか
		鉄棒運動			安定した状態から，鉄棒の上なりで移動できるかどうか
陸上運動		短距離走・リレー			スタートからゴールまで移動できるかどうか
		ハードル走			連続したものを飛び越えてスタートからゴールまで移動できるかどうか
		走り高跳び			高く跳び越えることができるかどうか
		走り幅跳び			遠く跳び越えることができるかどうか
水泳		クロール			水の中をできるだけ早く（速く）移動できるかどうか
		平泳ぎ			水の中をできるだけ長く（速く）移動できるかどうか
表現運動		表現・リズムダンス			定型化されないイメージにともなうダンス／定型化したリズムのあるダンス
		フォークダンス			定型化されたリズムのあるダンス
体つくり運動		体力を高めるための運動			身体の必要を満たすための運動
		体ほぐし			体を動かすこと自体が楽しい運動遊び

このルールがその運動の技術を規定し，さらには面白さを形づくっている。このような，肯定的なルールの意味をよく学ぶことも，生涯スポーツの実践においては大切なことである。

一方で，特に「欲求」充足の運動としてのスポーツが文化として内在させるマナーも学ぶべき重要な内容である。ここで，近接した言葉である「ルール」と「マナー」と「良心」の三つには，違いがあることをまず理解することが重要である。

「ルール」とは，例えば「ルールブック」のように，明文化され，自分の外側に客観的に存在する規則のことである。それに対して「良心」とは，自分の内側で主観的に存在する指針のことである。「マナー」は，このちょうど中間に位置している。一方では，それは「みんなが守るべきこと」として存在するにもかかわらず，他方では，それは「ルール」のように明文化されて示されているものではない。だからこそ「マナー」を守ることには，トラブルがつきものである。「ルール」として決められていればもめることはないし，「良心」にゆだねるものとして，個人にまかされていることならば，これもまたもめることはない。ところが，「どっちかはっきりしてほしい」ような，その中間にあるようなことがらであるからこそ，「マナー」については，プレイをする際によくもめることになるのである（図2-5参照）。

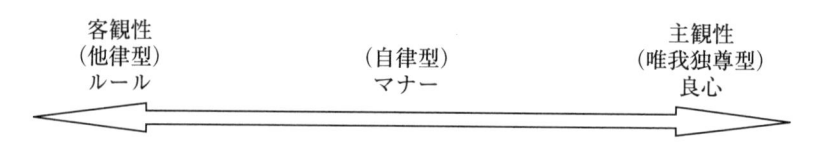

| 客観性
（他律型）
ルール | （自律型）
マナー | 主観性
（唯我独尊型）
良心 |

図2-5　スポーツにおける行動の仕方やあり方の判断の3類型

しかし，ここでよく考えてみよう。スポーツにおける行動の仕方やあり方についての判断を「ルール」として決めてしまうことは，逆に，そのような判断を人にまかせてしまうことでもある。一方で，まったくなにも決めずに「良心」にまかせてしまったのでは，多くの人がそれぞれ好き勝手にやることになって

しまう。つまり，自と他の狭間で，「マナーを守る」という，自律したスポーツにおける行動の仕方やあり方についての判断がなければ，スポーツを楽しむことはできないのである。

そして，このことが大切にされたときにこそ，生涯スポーツの実現に大切な考え方，つまり，従来の「特定の形式・形態を有するスポーツに人間を合わせる」というスポーツに対する考え方から，「身体的・精神的・社会的に変化し，一人一人の個性が違う人間にスポーツを合わせる」というスポーツに対する考え方が実現できることになる。なぜなら，「他者依存」ではなく，かといって「唯我独尊」でもない，「マナーを守る」ことから発揮される「自律度の高いスポーツ行動」がなければ，状況やみんなの都合に合わせプレイのあり方を自由に決めて，「どこでも」「だれとでも」「いつでも」楽しむといったことができないからである。この意味で，マナーの学習は生涯スポーツにつなぐ体育にとって大切な内容となるわけである。

g スポーツや運動における安全

スポーツや運動を行う際に，安全に注意することができるようになる学習はやはり重要な内容である。学習指導においては，もちろん教師がこうした安全について確認することは大切なことであるが，むしろ，子どもたちにも学習の内容としてしっかり考え行動することができるように促すことが望まれる。特に，近年は遊びの原体験が少ないこともあって，思わぬ怪我や事故を起こしてしまう子どもたちも増えている。スポーツや運動における安全についての学習の必要性は，この意味で高まっているということもできるように思われる。[*2]

《松田 恵示》

(4) 学習過程の考え方

a 「ねらい」と学習過程

体育の学習指導では，子どもたちが学習する運動を教育のための「手段」と

[*2] 本稿の一部は，「『楽しい体育』の目的・内容・方法・評価」全国体育学習研究会編『「楽しい体育」の豊かな可能性を拓く』(明和出版，2008)の一部に加筆・修正したものである。

してではなく，それ自体を身につけることを目指す「目的」として捉える。このために「目的」としての運動は，体育においてはただ活動されるだけではなく，活動の方向づけを子どもたちがしっかりと意識して取り組み創意工夫をこらすことによって深められる必要がある。このときに，そうした活動の方向づけのことを「ねらい」と呼び，学習指導においては重要な言葉となる。例えば，サッカーの学習においては，「チーム対チームの競争の欲求を充たすもの」としてまずサッカーの「機能的特性」があり，この特性に向かって活動する際に具体的な手がかりとして方向づけを示すものが「学習のねらい」であるので，「ルールやマナーを守りながらゲームを楽しむ」とか「作戦を工夫してゲームを楽しむ」といった言葉が具体的な「学習のねらい」となる。また，「ルールやマナーを守る」という「ねらい」は「作戦を工夫する」という「ねらい」に対して一般的には易しい「ねらい」であるから，子どもたちの状況からみて「ルールやマナーを守る」という易しい「ねらい」から「作戦を工夫する」というより難しい「ねらい」へと子どもたちの活動の方向づけが高まっていくという見通しを持つときに，これを「ねらい1」から「ねらい2」へというように表記すると，そのままこれは学習の道筋（学習過程）を表すものにもなる。

　このように「学習のねらい」という言葉は，体育の学習活動が「内容と教材と活動」という教師の側から見た「手段として運動」を行うことではなく，「ねらいと活動」という子どもの側から見た「目的としての運動」であることを示すとともに，その連なりを見通すことで学習の道筋をも示すことになる言葉である。また「めあて」という言葉も，体育では「ねらい」とほぼ同じ意味を持つ言葉として使われる。「ねらい」が単元の流れの中での学習のまとまりを指すものであるのに対して，一単位時間の授業の中での学習のまとまりを指すときに主に使われるのが「めあて」である。

b　学習過程の原理

　生涯スポーツとのつながりを重視し，「内容」としてのスポーツや運動それ自体を学ばせようとする体育では，方法においていくつかの特徴がある。竹之下は次のように述べている。「手段論における単元計画の骨組みは，指導目標

（発達効果）とそれに至る指導過程で，学習活動（過程）はこの指導過程に沿って予定された。内容論では，内容を学習するのは子どもたちであるから，学習のねらいとそれに至る学習過程を軸に単元が構成されることになる」[*3]（竹之下）

　生活の内容としてのスポーツや運動を子どもたちに学習させたいわけであるから，その学習は教師の側から見た「指導の過程」ではなく，子どもの側から見た「学習の過程」となる。この「学習過程」を方向付けているのが，子どもが持つねらい，つまり，そのスポーツや運動の持つ「特性」である。スポーツや運動を「手段」と捉えたり，スポーツや運動の技術をあたかも実用的な性質を持つものとして教えてしまう体育では，例えばサッカーの単元を考えたとき，サッカーを「パス」や「シュート」などいくつかの要素に分解し，それを順序よく指導した後にゲームに至る，という過程が多い。ところが，サッカーの持つ「特性」は，チーム対チームの競争欲求（アゴン）を充たしてくれることであるから，まず，このことが学習される必要があり，「パス」や「シュート」などの要素は，競争欲求を充たすための具体的な学習課題として子どもたちに位置づけられる必要がある。このために，そこでの過程は，「今ある力でサッカーを楽しむ→学習により高まった力でサッカーを楽しむ」という大きくは二つのねらいとそれに至る流れとして考えることになる（次頁の図2－6参照）[*4]。

c　「運動の特性」から考える学習過程

　ところで，体育で学ばせたい運動とは，単なる「体の動き」のことではなく，ルールを作ることで「自分＝自己」と「相手チームや味方チームといった他者」と「ボールやコートといったモノ」の三つが関係を結んで出来上がった，いわば「世界」のことであった（図2－7）。

　また，体育で教える運動には様々な種目があるので，「世界」を現す先の三角形は，種目によって違っていた（図2－8）。

[*3] 竹之下休蔵（竹之下休蔵・宇土正彦編『小学校体育の学習と指導　新しい授業の手引き』光文書院，1981，P.33）
[*4] 宇土正彦（竹之下休蔵・宇土正彦編『小学校体育の学習と指導　新しい授業の手引き』光文書院，1981，P.101）

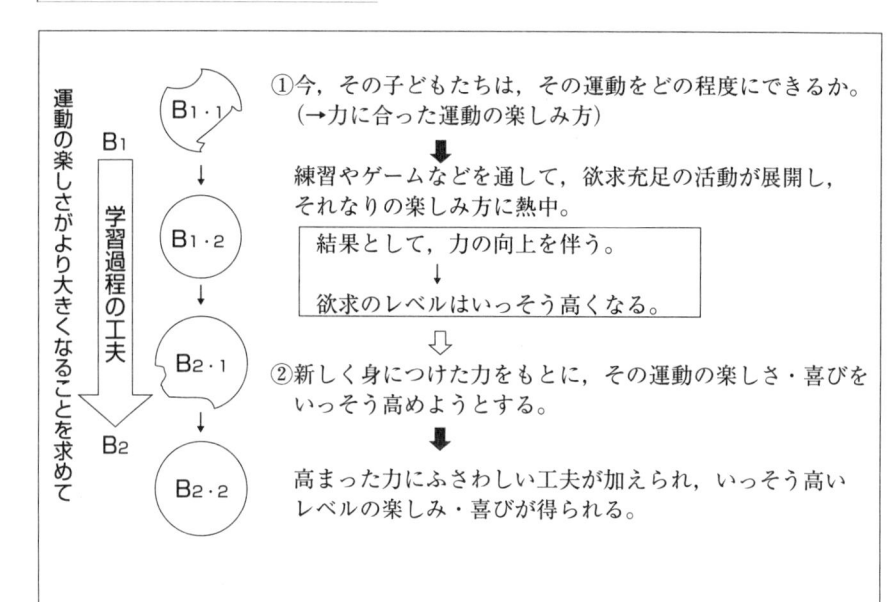

Ⅱ章　これからの小学校体育の基礎理論

```
              ①今，その子どもたちは，その運動をどの程度にできるか。
    ┌B₁·1┐       （→力に合った運動の楽しみ方）
運  B₁ │            ↓
動  学 ↓         練習やゲームなどを通して，欲求充足の活動が展開し，
の  習  B₁·2      それなりの楽しみ方に熱中。
楽  過 ↓        ┌─────────────────────┐
し  程            │結果として，力の向上を伴う。        │
さ  の            │    ↓                             │
が  工  B₂·1      │欲求のレベルはいっそう高くなる。    │
よ  夫 ↓        └─────────────────────┘
り  B₂              ⇩
大  ↓  B₂·2     ②新しく身につけた力をもとに，その運動の楽しさ・喜びを
き                    いっそう高めようとする。
く                   ↓
な                高まった力にふさわしい工夫が加えられ，いっそう高い
る                レベルの楽しみ・喜びが得られる。
```

（注）◆B₁, B₂のいずれも，1は変形（バランスを欠いている部分があることを示す）であるのに対し，2は整った円形に表している。この変化は適切な学習によって，技能，ルールやマナー，学習の場などの間にバランスがとれ，楽しさ・喜びがよりよく生じやすくなっている状態になっていることを表している。
　　◆B₁よりB₂のほうが，より大きく示されているのは，力の高まり，そしてそれに見合う楽しさ，喜びの高まりを意味している。

図2-6　体育の学習指導の循環過程

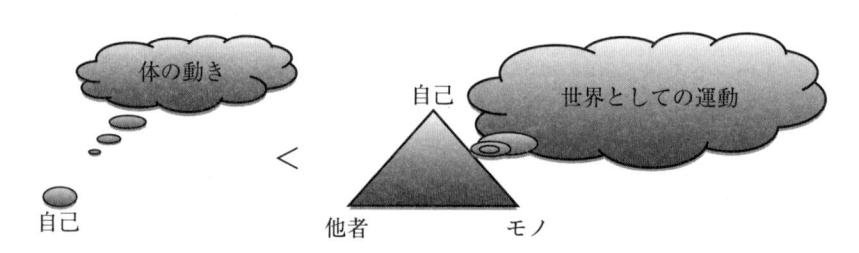

図2-7　体育で学ぶ「世界としての運動」

(4) 学習過程の考え方

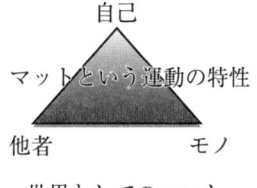

```
       自己                              自己
  サッカーという運動の特性          マットという運動の特性
 他者        モノ                他者        モノ
  世界としてのサッカー              世界としてのマット
```

図2-8　運動の特性

「自己」「他者」「モノ」の三つの要素が，ルールに基づいて関係づけられ，「世界としての運動」を作ることができるのは，その中心に，この「運動の特性」という求心力があるからである。ところで「機能的特性」と「構造的特性」は，大変密接に結びついており，例えば，サッカーの楽しさ（機能的特性）は，サッカー特有の技術，ルール，知識があるからこそ生まれるものであるから，この二つの「運動の特性」は，むしろ分けない方がよい。「この運動ならではという形でもっている楽しさ」に応じて「この運動ならではという形で持っている技術・ルール・知識」を学ばせるためには，その二つの特性を分けないで，子どもたちに教える「内容」と考えた方がよいということであった。

体育の学習において子どもたちに「ねらい」を持たせるとき，特性を以上のように捉えて学習指導することは重要である。ねらいは，特性を目指す方向付けのことであるが，当の目指す特性がぶれてしまえば，学習は焦点の合わないものに終わってしまうこともおこりうる。また学習過程も然りである。

以上のような理由で，「世界としての運動」を学習させるためには，その求心力となっている「運動の特性」を，その運動を成り立たせている特有の「技能の楽しさ」の面からはっきりと捉えておく必要がある。学習指導案では，このことが「運動（動き）の面白さ」として示されるとともに，子どもたちの学習の方向付け（ねらいと内容）としてもっとも大切なものになるわけである。このことが前提とならなければ，望ましい学習の過程もまた見通すことはむずかしいのである。

d　ねらいの持ち方/持たせ方と学習過程

いろいろな運動に特有の「技能を駆使する楽しさ」を学ぶためには，どのよ

うに「ねらい」を持たせ学習を進めさせればいいのか。このときにまず大切なことは，

(1) そこで明らかになった「技能を駆使する楽しさ」がもっとも易しくわかる，最初のゲームや「場」のあり方をしっかりと作ってあげること
(2) その後，「技能を駆使する楽しさ」をより「広げ深める」ためには，どのような「ねらい」を持って学習を進めればよいかを見通すこと

の二つである。特にここでは，(2)について考えてみることにしてみたい。

ねらいには三つの持ち方がある。「運動」は，「自己」「他者」「モノ」の三つの要素から作られている「世界」なので，この三つの要素を視点にしてねらいを持てば，運動の世界は，広がり深まっていくことになる。

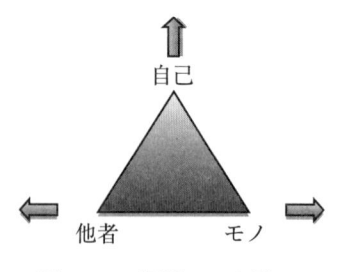

図2-9　運動の三角形

「自己」にねらいを持って「技能を駆使する楽しさ」をさらに「広げ深める」とは，例えば「作戦や戦術を工夫する」とか「自分の目標を持って行う」など，「技能」自体を目標として，「課題の設定→解決のための努力→評価と修正→新しい課題の設定」を行いつつ運動に向かっていくこととなる。

一方で「他者」にねらいを持って「技能を駆使する楽しさ」をさらに「広げ深める」とは，例えば「試合形式を工夫する」とか，「クラス全体でシンクロマットを演技する」など，仲間との関わり方を変えることで，運動に向かっていくことになる。

さらに「モノ」にねらいを持って「技能を駆使する楽しさ」をさらに「広げ深める」とは，例えば「いろいろな場を克服しよう」とか，「ここでもできる

かどうか試してみよう」とか，「コートを変えてみよう」など，モノや環境を変えることで，運動に向かっていくことになる。

　ここで注意したいことは，いずれのねらいの持ち方を指導するにしても，単元で取り上げているその運動の特有の「技能を駆使する楽しさ」を味わうために，「自己」や「他者」や「モノ」を工夫しているという関係である。例えば，「モノ」を工夫すること自体が学習と考えているわけでも子どもの力が高まると考えているわけでもなく，「技能を駆使する楽しさ」＝運動の特性が「自己」や「他者」や「モノ」を工夫することでわかる，あるいは獲得できることを学習と考えている。「ねらい」はあくまでも，方向付けの問題であって，それ自体が内容となっているわけではない。この点をふまえつつ「ねらい」の流れの見通しを考え学習指導を行うことが重要である。

e　ねらいの持ち方と運動領域

　「自己」や「他者」や「モノ」というねらいの持ち方の手がかりは，運動領域によって，そもそもの三角形が違うので，画一的に考えることができない点も留意する必要がある。例えば，「体つくり運動」と「表現運動」は，他のスポーツ的な運動とはまったく異なった「三角形」となっているので，これらのねらいの持ち方は，画一的に考えることはできない。

　一方で，子どもの発達との関係からは，ある程度「モノ」→「他者」→「自己」といったねらいの持ち方の流れはあると考えられる。また，単元のはじめから終わりにかけても，このような流れが考えやすい学年や運動種目はあるし，もちろん，それらを，ひとつだけではなく，複合的に持たせた方がよい場合もある。ねらいの持ち方や学習過程については，画一的に扱いすぎてしまうと，そのよさがなくなってしまうことについては注意を払う必要がある。単元で取り扱う運動の内容と子どもたちの実態に応じて柔軟に扱われる必要があるということであろう。[*5]

《松田　恵示》

*5　本稿の一部は，「『楽しい体育』の目的・内容・方法・評価」全国体育学習研究会編『「楽しい体育」の豊かな可能性を拓く』(明和出版，2008)の一部に加筆・修正したものである。

(5) 学習指導の考え方

　ここでは，これまで検討してきた「内容」の捉え方や「学習過程」の考え方を生かして，具体的に授業づくりを進める際の実際について考えてみたい。そこで，ボール運動の学習指導を例に挙げてみることにしてみよう。

a　運動の特性を「局面」を視点に捉え単元計画を立案する

　ボール運動は，取り扱うすべての運動が「勝敗のあるゲーム」である点に特性がある。そこで，それぞれの運動のまさに「勝敗」を決めることになっている「攻防の局面」を視点として運動を捉え，その運動の持つ具体的で客観的な楽しさ＝「魅力」とそこで対象となる技能を，不可分の「内容」として主体的に学習させることを検討してみる。

　例えば，バスケットボールという運動は「ボールを運ぶことができるかどうか」「シュートを打つために相手をかわすことができるかどうか」「ボールをシュートしてリングに入れることができるかどうか」という三つのゲーム局面から成り立っている。この三つの局面が，具体的な「攻防」の中身になっており，攻撃側はこの三つの局面をクリアしたときに，はじめて「得点」を獲得できる。また守備側は，この三つのことをさせないことがゲームの内容である。チーム対チームで争っていることは，まさにこの三つの局面であり，この「局面」にこそ，それぞれの攻防をめぐる「個人的／集団的」技能，あるいは「ボールを持つ／ボールを持たない」技能が手段として内在している。また同時に，ここで技能を駆使し「できるか／できないか」＝「できなかったことに『よし，もう一度！』とチャレンジし，やった『できた！』と喜ぶとともにまた新しい『できない』に向かっていくこと」に夢中になっていることこそが，「特性や魅力」として子どもたちが味わう「運動の楽しさ」の中身でもある。つまり，「局面」においては，「技能が楽しい」のである。

　このように，「局面」の視点から取り扱う運動の内容を明確化し，「運動の楽しさ」と「技能」の関係をしっかり整理することが学習指導の第一歩である。これは単元で扱う「運動の特性」を，改めて明確にする作業とも言い換えても

よい。

b 「易しいゲーム」の用意と学習の流れ

次に大切なことは，子どもに「意味ある学習を保障すること」，つまり「子どもに『生きたねらい』を持たせ学習を進めさせること」である。子どもにとっての体育の学習は，生涯にわたって運動に親しむための学習であるとともに，もちろん，小学生期の「生涯スポーツ」の一場面でもある。むしろ，この側面を生かして，「要素に分けた内容を線形的に積み上げ最後に目標とする全体としてのゲームに至る」という道筋ではなく，全体としてのゲームを常にベースにし，「体験の共有」→「振り返りと気づき」→「練習と技能の習得」→「体験の再構成」という過程の繰り返しとして学習の道筋を考え，授業における「勉強の課題」としてねらいを持たせるのではなく，「運動の楽しさ」から引き出される「ゲームの課題」として，「生きたねらい」を持たせる工夫を重視する（後掲の実践例参照）。そこで「局面」の視点から明確化された運動の特性が，どの子どもにもまず味わえる「易しいゲーム」を教材として用意することが重要となる[*6]。

c 学習指導における教師の役割

特にボール運動の学習指導では，ゲームを振り返る場面と，その気づきに応じて練習を行う場面で，教師の働きかけを極めて重視する必要がある。「局面」を視点とした適切な振り返りから「ねらい」を持たせること，ならびにそのねらいを達成するためにどのような練習や工夫を行うのかという具体的な課題解決の手がかりを適切に指導するということである。もちろん，子どもの様子や学習の進み具合に応じて，子どもたち中心にこの場面を計画することもあってよいが，教師が導くのか，子どもから引き出すのか，ということについては，単なる「方法」の違いでしかないと考えている。むしろ，授業において「生き

[*6] 以下の稿についても参照。
・鈴木聡「バットをつかわないベースボールの実践」（『子どもと体育』143号，光文書院，2007）
・木下浩朗「『局面』に注目した運動の特性のとらえなおしと「技能の楽しさ」の獲得」（『子どもと体育』146号，光文書院，2008）

たねらい」を子どもが明確に持ち，またねらいに応じた具体的な手がかりをしっかりと持つことができているのかどうかが問題である。またこの点が明確にならなければ，種々の評価も曖昧になってしまう恐れがある。この面での教材研究や，教師の力量形成は重要なポイントとなろう。

d　カリキュラムにおける系統性の考え方

このような学習指導においては，系統性について「局面の数」と「局面の質」の二つの側面から，学習のつながりを考える。例えば，バスケットボールの場合，「運ぶ」「シュートのためにかわす」「入れる」の三局面で成り立っている。また，このうち「シュートのためにかわす」局面を見たときに，「シュートチャンスを探して，あいている仲間にパスを出す」という攻撃と，ポストプレーやスクリーンプレーのように「シュートチャンスを創りだすために，仲間と連携して攻める」という，より難しい攻撃が発展的な内容として含まれる。一方で，同様の「運ぶ」「シュートのためにかわす」「入れる」という三局面で成り立つセストボールという教材は，この「シュートのためにかわす」局面において，「シュートチャンスを探して，あいている仲間にパスを出す」という攻撃が中心となるもので，バスケットのように「シュートチャンスを創りだすために，仲間と連携して攻める」という攻撃は現れにくい。

つまりボール運動の教材の発展性は，このような「局面の数」と「局面の質」の二つの側面から捉えることができるので，カリキュラムにおいて，「易しいボール運動」から「複雑なボール運動」を配列するとともに，技能，態度，思考・判断等の内容の系統性をも，教材の中で捉えようとしている。図2－10は，そのような原理を模式的に現したものである。

基本的には以上のようなポイントを踏まえると，「ネット型」や「ベースボール型」の授業も考えることができよう。また，他の領域においても，「局面」に変わって領域の特性に応じ「技」や「技法」などに視点をあてることで具体的な授業づくりを考えることができよう。

一方で，「欲求」や「必要」の充足としてのスポーツや運動を学ぶのが体育であるから，学習課題の設定や実際の学習活動では，より個人差に配慮した学

(5) 学習指導の考え方

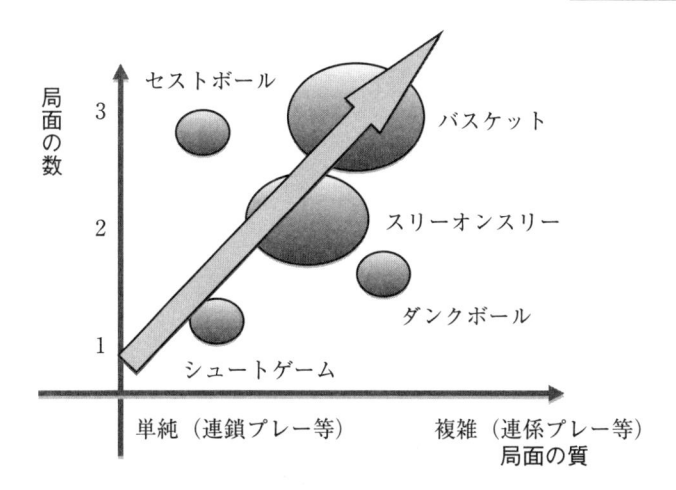

図2-10 バスケットボール系の教材の系統性

習が望まれることになる。このときに，学習のねらいやめあて別にグループを組んで学習する「グループ学習」が，学習の基本的な形態となろう。もちろん，ときに応じて「個別学習」「一斉学習」「班別学習」といった形態も合わせて利用されることがある。

以上のような学習指導の方法を指導案の形式として現したものが右の図である[*7]。

また，このような体育の学習では，学習の結果のみが問題になるわけではないから，

単　元　名

Ⅰ．運動の特性
　(1) 一般的特性
　(2) 子どもから見た特性
Ⅱ．学習のねらいと道すじ
　(1) 学習のねらい
　(2) 道すじと時間計画
　　ねらい①　(イ)　Ⓧは2～3でよい。
　　　↓　　　(ロ)　ねらいを①～Ⓧにわけると学習の道すじを示すことになる。
　　ねらいⓍ
Ⅲ．学習と指導　(Ⅱを学習と指導の流れに具体化)

はじめ	1. 学習のねらいや道すじがわかる。 2. グループや活動の場の学習のきまりをつくる。	
なか	ねらいと活動	指導
	ねらい①　　　　 ねらいⓍ　｝活動	← →
まとめ	1. 学習の反省 2. 次への課題の整理	← →

図2-11　単元計画の形式例

[*7] 竹之下休蔵,「子どもと体育」36号, 1980, 光文書院, p.18-p.19

事前の「診断的評価」，過程の「形成的評価」，事後の「総括的評価」のそれぞれが，学習に対するフィードバック情報として活用され，指導と評価が表裏一体の関係となって子どもたちの学習に生かされることが重要である。

このような学習指導の考え方は，学習する子どもの立場から考えられたものであるから，その計画についても，子どもの様子に応じて柔軟に修正しながら実践されることが重要である。体育に子どもをあわせるのではなく，子どもに体育をあわせることが，この意味で常に振り返られなければならない原点であろう*8。

《松田 恵示》

(6) 学習指導要領のとらえ方・考え方

a 学習指導要領改訂の経緯

21世紀を生きる子どもたちにとって，「確かな学力」，「豊かな心」，「健やかな体」の調和を重視する「生きる力」を育むことは，ますます重要になっているといえる。

平成17年2月に，文部科学大臣から，21世紀を生きる子どもたちの教育の充実を図るため，教員の資質・能力の向上や教育条件の整備などと併せて，国の教育課程の基準全体の見直しについて検討するよう，中央教育審議会に対して要請され，同年4月から審議が開始された。

この間，教育基本法改正，学校教育法改正が行われ，知・徳・体のバランス（教育基本法第2条第1号）とともに，基礎的・基本的な知識・技能，思考力・判断力・表現力等及び学習意欲を重視し（学校教育法第30条第2項），学校教育においてはこれらを調和的にはぐくむことが必要であることが法律上規定された。

中央教育審議会は，平成20年1月に「幼稚園，小学校，中学校，高等学校及び特別支援学校の学習指導要領等の改善について」答申を行った。この答申の

---

*8 本稿の一部は，「局面学習の授業モデル」（『体育科教育』大修館書店，2009.9）に加筆・修正したものである。

(6) 学習指導要領のとらえ方・考え方

基本的な考え方として，以下の七つが示され，各学校段階や各教科等にわたる学習指導要領の改善の方向性が明確にされている。

①改正教育基本法等を踏まえた学習指導要領改訂
②「生きる力」という理念の共有
③基礎的・基本的な知識・技能の習得
④思考力・判断力・表現力等の育成
⑤確かな学力を確立するために必要な授業時数の確保
⑥学習意欲の向上や学習習慣の確立
⑦豊かな心や健やかな体の育成のための指導の充実

この答申を踏まえ，平成20年3月28日に学校教育法施行規則を改正するとともに，幼稚園教育要領，小学校学習指導要領及び中学校学習指導要領が告示されたのである。

今回の学習指導要領改訂は，昭和22年に「教科課程，教科内容及びその取扱い」の基準として，初めて学習指導要領が編集，刊行されて以来，昭和26年，33年，43年，52年，平成元年，10年の全面改訂に続く7回目の全面改訂となっている。

b 体育科改訂の趣旨

平成20年1月の中央教育審議会の答申において，学習指導要領の改善が示され，体育科の改善の基本方針については，次のように示されている。

① 改善の基本方針

ⓐ小学校，中学校及び高等学校を通じて，「体育科，保健体育科については，その課題を踏まえ，生涯にわたって健康を保持増進し，豊かなスポーツライフを実現することを重視し改善を図る。その際，心と体をより一体としてとらえ，健全な成長を促すことが重要であることから，引き続き保健と体育を関連させて指導することとする。また，学習したことを実生活，実社会において生かすことを重視し，学校段階の接続及び発達の段階に応じて指導内容を整理し，明確に示すことで体系化を図る」ことを体育科改善の基本方針の一つとしている。

ⓑ体育については，「体を動かすことが，身体能力を身に付けるとともに，

情緒面や知的な発達を促し，集団的活動や身体表現などを通じてコミュニケーション能力を育成することや，筋道を立てて練習や作戦を考え，改善の方法などを互いに話し合う活動などを通じて論理的思考力をはぐくむことにも資することを踏まえ，それぞれの活動が有する特性や魅力に応じて，基礎的な身体能力や知識を身に付け，生涯にわたって運動に親しむことができるように，発達の段階のまとまりを考慮し，指導内容を整理し体系化を図る。」としている。

ⓒ保健については，「生涯を通じて自らの健康を適切に管理し改善していく資質や能力を育成するため，一層の内容の改善を図る。その際，小・中・高等学校を通じて系統性のある指導ができるように，子どもたちの発達の段階を踏まえて保健の内容の体系化を図る。また，生活習慣の乱れやストレスなどが健康に影響することを学ぶことが重要であり，健康の概念や課題などの内容を明確に示すとともに，心身の発育・発達と健康，生活習慣病などの疾病の予防，保健医療制度の活用，健康と環境，傷害の防止としての安全などの内容の改善を図る。特に，小学校低学年においては，運動を通しての健康の認識がもてるよう指導の在り方を改善する。」としている。

以上の改善の基本方針に従い，さらに，小学校では，基礎的な身体能力を身に付け，実生活において運動を豊かに実践していくための資質や能力の基礎を培うとともに，身近な生活における健康・安全に関する内容を実践的に理解できるようにすることを重視して，次のような改善の具体的事項をあげている。

② 改善の具体的事項

ⓐ運動領域については，幼児教育との円滑な接続を図ること，体力の低下傾向が深刻な問題となっていることや積極的に運動する子どもとそうでない子どもの二極化への指摘があること，各学年の系統性を図ることなどを踏まえ，低学年を「体つくり運動」，「器械・器具を使っての運動遊び」，「走・跳の運動遊び」，「水遊び」，「ゲーム」及び「表現リズム遊び」で構成し，中学年を「体つくり運動」，「器械運動」，「走・跳の運動」，「浮く・泳ぐ運動」，「ゲーム」及び「表現運動」で構成している。高学年については従前通りの構成である。

ⓑ生涯にわたって運動に親しむ資質や能力の基礎を培う観点から，それぞれ

(6) 学習指導要領のとらえ方・考え方

の運動が有する特性や魅力に応じて指導することができるようにするとともに，低学年，中学年及び高学年において，児童に身に付けさせたい具体的な内容を明確に示すこととする。その際，指導内容の確実な定着を図ることができるよう，運動の取り上げ方を一層弾力化し，低学年，中学年及び高学年に示されている「体つくり運動」以外のすべての指導内容について，2学年のいずれかの学年で取り上げ指導することもできるようにする。

ⓒ「体つくり運動」については，一層の充実が必要であることから，すべての学年において発達の段階に応じた指導内容を取り上げ指導するものとし，学習したことを家庭などで生かすことができるよう指導の在り方を改善する。また，「体つくり運動」以外の領域においても，学習した結果としてより一層の体力の向上を図ることができるよう指導の在り方を改善する。

ⓓ保健領域については，身近な生活における健康・安全に関する基礎的な内容を重視するという観点から，指導内容を改善する。その際，けがの防止としての生活の安全に関する内容について取り上げ，体の発育・発達については，発達の段階を踏まえて指導の在り方を改善する。また，健康な生活を送る資質や能力の基礎を培う観点から，中学校の内容につながる系統性のある指導ができるよう健康に関する内容を明確にし，指導の在り方を改善する。

低学年は，運動領域との関係を踏まえ，健康と運動のかかわりなど，運動領域の運動を通して健康の認識がもてるよう指導の在り方を改善する。

以上，平成20年1月の中央教育審議会の答申において，学習指導要領等の改善が示されたこと，および体育科の改善の基本方針と，それに従った改善の具体的事項を取り上げ，記してきた。

続いて，「体育科改訂の趣旨」を踏まえた「体育科改訂の要点」を示すことにより，小学校体育科の目標及び内容の改訂の要点を，より明確に具体的にして，平成23年4月1日からの全面実施における指導の在り方の改善に生かしていく必要がある。

c 体育科改訂の要点

体育科については，中央教育審議会の答申の趣旨を踏まえて，次の方針によ

って改訂を行っている。

①生涯にわたって運動に親しむ資質や能力の基礎を培う観点を重視し，各種の運動の楽しさや喜びを味わうことができるようにするとともに，児童の発達の段階を踏まえ指導内容の明確化を図ること。

②指導内容の確実な定着を図る観点から，運動の系統性を図るとともに，運動を一層弾力的に取り上げることができるようにすること。

③体力の向上を重視し，「体つくり運動」の一層の充実を図るとともに，学習したことを家庭などで生かすことができるようにすること。

④保健については，身近な生活における健康・安全に関する基礎的な内容を重視し，指導内容を改善すること。

⑤また，健康な生活を送る資質や能力の基礎を培う観点から，系統性のある指導ができるよう健康に関する内容を明確にすること。

以上，五つの方針によって改訂が行われたが，さらに，その方針を踏まえた体育科の目標及び内容の改訂の要点を次に示す。

① 小学校体育科の目標

平成20年に改訂（平成23年4月1日から全面実施）した体育科の目標は，次のとおりであり，基本的にはこれまでの体育科の目標を踏まえつつ，その考え方を一層明確にしたものといえよう。つまり，次のような目標である。

「心と体を一体としてとらえ，適切な運動の経験と健康・安全についての理解を通して，生涯にわたって運動に親しむ資質や能力の基礎を育てるとともに健康の保持増進と体力の向上を図り，楽しく明るい生活を営む態度を育てる。」

この目標は，「運動に親しむ資質や能力の育成」，「健康の保持増進」，「体力の向上」の三つの具体的目標が相互に密接な関連をもっていることを示し「楽しく明るい生活を営む態度」を育てようとしている。

② 小学校体育科の内容

体育科の内容の改訂の要点をまとめると，以下のようになろう。

ⓐ 指導内容の明確化・体系化

基礎的な身体能力（技能や体力等）を身に付け，運動を豊かに実践していくための基礎を培う観点から，発達の段階に応じた指導内容の明確化・体系化を図っている。

特に「基本の運動」については，高学年への系統性が見えにくいという考え方から，従前「内容」として示していたものを「領域」として示している。

ⓑ 体力向上の重視

運動する子どもとそうでない子どもの二極化の傾向や，子どもの体力の低下傾向が依然深刻な問題となっていることから，すべての運動領域で適切な運動の経験を通して，一層の体力の向上を図ることができるよう指導の在り方を改善しようとしている。特に「体つくり運動」は，基本的な動きを培うことをねらいとして低学年から示し，第1学年から第6学年のすべての学年において指導することになっている。

ⓒ 運動の取り上げ方の弾力化

指導内容の確実な定着を図ることができるよう，運動の取り上げ方を一層弾力化し，低・中・高学年に示されている「体つくり運動」以外のすべての指導内容について，2学年のいずれかの学年で取り上げ，指導することもできるようになっている。

このことは，学校や地域や児童の発達段階等を考慮した，教師の体育指導の一層の工夫が必要となることをも意味しているといえよう。

ⓓ 体つくり運動

低学年の内容は，「体ほぐしの運動」及び「多様な動きをつくる運動遊び」で構成し，「2学年にわたって指導する」ことを「内容の取扱い」に示している。中学年の内容は，「体ほぐしの運動」及び「多様な動きをつくる運動」で構成し，低学年同様に「2学年にわたって指導する」ことを「内容の取扱い」に示している。

低・中学年においては，発達段階を踏まえると，体力を高めることを学習の直接の目的とすることは難しいが，将来の体力向上につなげていくためには，この時期に様々な体の基本的な動きを培っておくことが重要になろう。そのた

め、「体つくり運動」では、他の領域において扱われにくい様々な体の基本的な動きを培う運動として、低学年では「多様な動きをつくる運動遊び」、中学年では「多様な動きをつくる運動」を示している。また、この「多様な動きをつくる運動（遊び）」には、従前の「基本の運動」の内容として示されていた「力試しの運動（遊び）」及び「用具を操作する運動（遊び）」を含むものとして示されている。

高学年の内容は従前どおりとし、「2学年にわたって指導する」ものとしている。また、「体力を高める運動」については、「体の柔らかさ及び巧みな動きを高めることに重点を置いて指導する」ことを「内容の取扱い」に示している。

ⓔ 器械運動系

「器械運動」は従前「内容の取扱い」で、「原則として第4学年で指導する」となっていたが、発達の段階を考慮し、第3学年から示されている。

低学年の「器械・器具を使っての運動遊び」の内容は、「固定施設を使った運動遊び」、「マットを使った運動遊び」、「鉄棒を使った運動遊び」及び「跳び箱を使った運動遊び」で構成され、中・高学年の「器械運動」の内容は、「マット運動」、「鉄棒運動」及び「跳び箱運動」で構成されている。

ⓕ 陸上運動系

低学年の「走・跳の運動遊び」の内容は、「走の運動遊び」及び「跳の運動遊び」で構成され、中学年の「走・跳の運動」の内容は、「かけっこ・リレー」、「小型ハードル走」、「幅跳び」及び「高跳び」で構成されている。高学年の「陸上運動」の内容は、「短距離走・リレー」、「ハードル走」、「走り幅跳び」、及び「走り高跳び」で構成されている。

ⓖ 水泳系

「水泳」は従前「内容の取扱い」で「原則として第4学年で指導する」としていたが、発達の段階を考慮し、第5学年から示されている。

低学年の「水遊び」の内容は、「水に慣れる遊び」及び「浮く・もぐる遊び」で構成され、中学年の「浮く・泳ぐ運動」の内容は、「浮く運動」及び「泳ぐ運動」で構成されている。高学年の「水泳」の内容は従前どおりであり、「水

中からのスタートを指導する」こと,「学校の実態に応じて背泳ぎを加えて指導することができる」ことが「内容の取扱い」に示されている。

なお,適切な水泳場の確保が困難な場合には,従前どおり,「水遊び」,「浮く・泳ぐ運動」及び「水泳」を取り扱わないことができるが,これらを安全に行うための心得については,必ず取り上げるように「指導計画の作成と内容の取扱い」に示されている。

ⓗ ボール運動系

低学年の「ゲーム」の内容は従前どおりである。中学年の「ゲーム」の内容は,従前「バスケットボール型ゲーム」,「サッカー型ゲーム」及び「ベースボール型ゲーム」で構成していたが,種目固有の技能ではなく,攻守の特徴(類似性・異質性)や「型」に共通する動きや技能を系統的に身に付けるという視点から種目を整理し,「ゴール型ゲーム」,「ネット型ゲーム」及び「ベースボール型ゲーム」で構成している。高学年の「ボール運動」の内容は,従前「バスケットボール」,「サッカー」及び「ソフトボール又はソフトバレーボール」で構成していたが,中学年と同様の視点から「ゴール型」,「ネット型」及び「ベースボール型」で構成し,「ゴール型はバスケットボール及びサッカーを,ネット型はソフトバレーボールを,ベースボール型はソフトボールを主として取り扱うものとするが,これらに替えてそれぞれの型に応じたハンドボールなどのその他のボール運動を指導することもできる。なお,学校の実態に応じてベースボール型は取り扱わないことができる」ことが「内容の取扱い」に示されている。

ⓘ 表現運動系

低学年の「表現リズム遊び」の内容は,「表現遊び」及び「リズム遊び」で構成し,「リズム遊び」については,「簡単なフォークダンスを含めて指導することができる」ことを「内容の取扱い」に示している。中学年の「表現運動」の内容は従前どおりであり,「地域や学校の実態に応じてフォークダンスを加えて指導することができる」ことが「内容の取扱い」に示されている。高学年の「表現運動」の内容は従前どおりであり,「地域や学校の実態に応じてリズ

ムダンスを加えて指導することができる」ことが「内容の取扱い」に示されている。

ⓙ 集団行動

集団行動については、「各学年の各領域（保健を除く）において適切に行う」ことを従前どおり「指導計画の作成と内容の取扱い」に示している。

ⓚ 雪遊び、氷上遊び、スキー、スケート、水辺活動などの取扱い

自然とのかかわりの深い活動については、「地域や学校の実態に応じて積極的に行うことに留意する」ことが従前どおり「指導計画の作成と内容の取扱い」に示されている。

ⓛ 保健領域

保健領域については、第3学年・第4学年では、「毎日の生活と健康」及び「育ちゆく体とわたし」の指導内容を明確にし、内容が構成されている。

また、第5学年・第6学年では、「心の健康」、「けがの防止」及び「病気の予防」の指導内容が明確にされ、内容が構成されている。

なお、系統性の視点から、「毎日の生活と健康」については、健康の状態のとらえ方として主体の要因と周囲の環境の要因を、「けがの防止」については、身の回りの生活の危険が原因となって起こるけがを、「病気の予防」については、地域での健康にかかわる様々な活動に関する内容が新たに加えられている。

以上、新学習指導要領のとらえ方・考え方を、『小学校学習指導要領解説・体育編』（平成20年8月）を参考にして示した。

どのような経緯で学習指導要領が改訂され、体育科改訂に際し、改善の基本方針やその改善の具体的事項がどのようになっているかを理解しておくことは、今後の生涯スポーツの基礎教育としての小学校体育の学習指導を考えていく上で必要である。その上に立って、一人一人の教師自らが、学校や地域や児童の実態に応じ、創意・工夫、努力していくことが重要になる。

なお、体育科の内容は、運動領域と保健領域から構成されているが、以下の表がその領域構成である。

表2-4　体育科の領域構成

学年	1・2	3・4	5・6
領域	体つくり運動		
	器械・器具を使っての運動遊び	器械運動	
	走・跳の運動遊び	走・跳の運動	陸上運動
	水遊び	浮く・泳ぐ運動	水泳
	ゲーム		ボール運動
	表現リズム遊び	表現運動	
		保健	

d　学習指導要領と体育の学習指導

　学習指導要領には法的拘束力があるが，その範囲内でも教師は大いに創意・工夫ができ，主体的に体育の指導の計画・実施をすることが可能である。

　どんな力を学校体育や体育授業で，一人一人の子どもに身につけさせたいのかを，しっかりと教師一人一人が持つことが重要である。

　体育の目的は何か。その目的を達成するために，どんな内容を，どのような方法で一人一人の子どもに身につけさせるのか。今まで以上に教師の資質・力量が問われてくるであろう。

　小学校体育の年間授業時数は，第1学年が102時間，第2～4学年は105時間に増加したが，第5・6学年は90時間のままである。この十分とは言えない限られた授業時数の中で，技能や体力を向上させ，体育の目標を達成させることは容易ではない。しかし，教師一人一人の体育の考え方や指導法等の工夫により，目標達成に一歩でも近づくことは可能である。

　生涯スポーツの基礎教育としての学校体育を考える時，一人一人の児童を運動好きにし，児童自らが自分の能力に合った課題を設定し，自分の力で，また，友だちとの教え合い・高め合いにより，その課題を解決していく力を身につけ

させることが指導者に求められる。児童一人一人が今の力を少しでも，創意・工夫，努力により高めていこうとするように指導・支援していく必要がある。

　技能・体力の向上はもちろん大切である。問題は，その技能・体力の向上のさせ方である。教師主導型で児童が受け身的に学習するのではなく，意欲的に自発的・自主的に運動を実践し継続していく力を身につけさせるようにすることが必要である。「習得型」の学習と「探究型」の学習が打ち出されている。「探究型」の学習（課題解決型学習）を前提とした「習得型」の学習を進め，行き来をしながら，バランスをとりながら，相互に関連を図りながらの学習指導が求められる。

　平成20年の学習指導要領改訂により，何を教え，どのように探究（課題解決）させていくかの，指導性と自発性のかねあいが一層重要となろう。生涯スポーツを目指した体育授業の改善は，真に教師一人一人の力量にかかわっている。

　　　　　　　　　　　　　　　　　　　　　　　《立木　正》

Ⅲ章　授業計画の考え方・立て方

(1) カリキュラムの考え方と授業計画

　カリキュラムの語源は，ラテン語の競争路であると言われ，児童・生徒が学習していく道筋を意味していると言ってよい。

　体育の授業計画を考える際には，その前提として「カリキュラム」について考えておくことが必要であろう。

　カリキュラムの考え方，とらえ方には，国のレベル，地域のレベル，学校のレベルや学年・学級のレベル等，いろいろ考えられるかもしれない。しかし，その根底には，教育観があり，どんな子どもにし，どんな力を身につけさせたいかを押さえておくことが重要となろう。

　一般的に学校教育におけるカリキュラムは，児童・生徒一人一人を個人的にも社会的にも，よい方向に変容させていくために，意図的・計画的に作成されるものであろう。どんな内容を，いつ，どんな順序で学習させるのかを決める必要がある。しかし，カリキュラム問題は，単なる形式上の，教授技術上の問題ではなく，教育そのもののあり方・考え方を問う問題であるとも言えよう。

　日本の学校体育の考え方により，体育のカリキュラムの考え方も変わってきたと言ってもよいであろう。

　我が国では，昭和52年の学習指導要領改訂以降，運動を教育の手段とする体育から，運動を体育の目的・内容とする，生涯スポーツを目指した体育への転換が図られたと言っても過言ではないであろう。この体育の考え方の転換に伴って，カリキュラムの考え方も変わり，授業計画の考え方・立て方にも影響してきたと言える。

　以下，基本的なカリキュラムの考え方を記すことにする。

| Ⅲ章　授業計画の考え方・立て方

　①身体の発育・発達を促すために，多くの運動種目を小単元にして学習させるのではなく，運動の楽しさ・魅力を味わい，深め，発展させるために，少ない運動種目を大単元で取り扱うようなカリキュラムの考え方。
　②運動の特性（楽しさ・魅力）が明確で，学習の発展性のある運動種目を取り扱うカリキュラムの考え方。
　③生活の内容としての運動の学習を重視する立場から，生活内容になり得る運動種目を単元として取り上げるカリキュラムの考え方。
　④個人差を重視し，欲求充足に基づく運動に重点をおくカリキュラム編成の考え方。
　⑤地域や学校の実態を考慮し，体育的な学校行事などを位置づけ，生涯スポーツとの関連を図ったカリキュラム編成の考え方。
　上記のようなカリキュラムの基本的な考え方のもとに，「年間計画の考え方・立て方」や「単元計画の考え方・立て方」を詳しく，具体的に示すことにする。

(2) 年間計画の考え方・立て方

a　年間計画の意義
●年間計画とは
　年間計画は，各教科の目標を達成するために，各学年の児童の発達的特性や学習の状況，地域や学校の条件などを考慮して，学習すべき内容を合理的，組織的に計画したものである。体育の年間計画は，各学年の児童の心身の発達的特性や運動への興味・関心，運動技能などに応じて，体育の学習指導要領の目標と内容に準じて各学年で取り上げる運動種目（単元）を決め，それらをいつ，どのような順序で，どのような単元構成で学習するかを具体的に予定したものである。
　したがって，体育の年間計画の作成では，取り上げる運動種目（単元），単元構成，単元の規模（時間数）及び配列を，学習指導要領に示されている目標・内容との関係や各学年の児童の実態，学校の様々な条件・制約などを配慮して決めていくことが具体的な問題となる。

● 小学校体育における年間計画の意味

　小学校体育科の年間計画を考えていく際に，まず，次のような小学校体育の年間計画の意味を押さえておくことが大切であろう。

　① 生涯スポーツの一時期である小学校段階における運動の充足

　小学校の体育では，生涯スポーツへ向けた基礎的な教育がめざされるが，同時に生涯の一時期である小学校段階でのスポーツの享受がめざされなくてはならない。つまり，小学校期の児童にふさわしい運動やスポーツの経験や学習があってはじめて生涯スポーツの基礎ができるということである。したがって，この時期の児童の興味・関心，能力などに合った運動が年間計画に取り上げられなくてはならない。

　② 生涯スポーツへの基礎的教育

　生涯にわたる運動欲求と運動の身体的必要に基づく運動への参加を積極的なものにしていくためには，運動への自発的な態度や運動に対する身体機能，運動に関する認識などの運動に対する心身のレディネスを養っておくことが必要である。このような生涯スポーツへの基礎的教育としての小学校体育という視点を，小学校体育の年間計画作りの基盤におくことが大切である。

　③ 小学校段階の全人的発達

　小学校期の児童の発達に合った運動のよりよい学習が，児童の身体の発育を刺激し，また，協力性，克己心などの情緒的側面の発達を促すことはよく知られている。したがって，小学校体育の年間計画の作成に当たっては，小学校期の児童の心身の発育，発達にもよい影響を及ぼす運動への配慮が必要である。

b　年間計画の作り方

● 運動種目の選定にかかわる一般的原則

　体育の授業は，それぞれの運動固有の特性を学習していくことが中心になる。したがって，小学校の年間計画に，どのような特性をもった運動種目を取り上げるかを決める運動種目の選定は，体育の学習指導の方向を左右する重要な問題である。

　小学校段階で取り上げるべき運動種目については，学習指導要領に示されて

いる通りであるが，なお，一部の学年では，学習のねらいと内容を明確にするために，運動の特性の明確な運動種目を選定していく視点あるいは手続きが必要である。ことに，低・中学年の運動（遊び）はいくつかの運動の形の類型とそれらの大まかな扱い方が示されているだけであるから，その学習のねらいや内容を明確にし，児童が運動の特性を求めて自発的，自主的に学習しやすいものにしていくためには，運動の特性の明確な運動種目を取り扱う必要があろう。

このような取り扱いの手続きは，現場サイドからの工夫の範囲内の問題と考えてよいであろう。運動種目を選定するためには，次のような一般的原則を押さえておく必要がある。

① 機能的特性の明確な運動種目の選定

運動の特性の捉え方は，大きく分けると三つの視点から考えられる。一つは，運動の形態や技術の性質からの捉え方で「構造的特性」と呼ばれている。二つは，運動の心身への効果の性質からの捉え方で「効果的特性」あるいは「手段的特性」とも呼ばれている。三つは，運動が人間のどのような根源的欲求を満たす機能をもっているかという視点からの捉え方で「機能的特性」と呼ばれている。

いずれの運動もこの三つの特性をもっているが，児童の運動欲求の充足によって生涯スポーツへの基礎作りをめざす今日の学校体育にあっては，「機能的特性」の視点からの運動種目の選定が重視されることになろう。Ⅱ章(2)の「楽しい体育の基本原理」の表2-2「機能的な特性に基づく運動の分類」(p.26) を参照。

スポーツ種目は，他者への挑戦欲求の充足（楽しさ）機能を特徴とする運動として特性づけられる。さらに，それは他者への競争欲求の充足機能を特徴とする「競争型」，自然的・物的障害への挑戦欲求の充足機能を特徴とする「克服型」，及び自己の観念的基準としての記録や技への挑戦欲求の充足機能を特徴とする「達成型」に分けられる。

ダンスは，人間の模倣・変身欲求の充足機能を特徴とする運動として特性づけられる。さらに，それはリズムにのって決められた踊り方で，踊る相手と対

(2) 年間計画の考え方・立て方

応する楽しさの充足機能を特徴とする「社交型－フォークダンス型」，リズムにのって自由に踊る楽しさの充足機能を特徴とする「リズム型」，イメージを自由に動きにかえて表現する楽しさの充足機能を特徴とする「創作型」，及びイメージを決められた約束的な動きによって表現する楽しさの充足機能を特徴とする「バレエ型」に分けられる。

体操（体つくり運動）は，スポーツやダンスと違って，人間の根源的な楽しさ欲求の充足機能を特徴とする運動ではなくて，健康や体力などの身体的必要を充足するために人間が人為的に作り出したものである。したがって，身体や健康上の様々な必要に対応した体操が作られる。柔軟性にかかわる徒手体操やストレッチ体操，循環器系や筋力の持久力にかかわるエアロビクス運動，骨折後の機能回復のためのリハビリテーション体操などである。

このように人間と運動との根源的な結びつきが明確な運動種目，つまり，運動の機能的特性の明確な運動種目を体育の年間計画に取り上げることによって，学習のねらいや内容が鮮明になるばかりでなく，学習活動の自発性，自主性が促され，ひいては児童が運動のもつ本質的な魅力や意味を知り，生涯にわたる愛好的な運動への態度が形成される基盤となろう。

② 運動の内容の発展性のある運動種目の選定

運動には，内容の発展性が豊かなものと，乏しいものとがある。いいかえるならば，運動の楽しさの深まりには違いがあるということである。運動の楽しさの深まりは，ルールや技術・戦術の自主的な工夫・改善によるところが大きい。それゆえ，生涯スポーツの基礎的教育をめざして，運動の楽しさを求めた自主的な学習活動を期待するためには，やさしい挑戦から工夫した挑戦までもができるような種目，つまり，学習する内容に発展性のある運動種目を年間計画で取り上げる運動種目の中心に据え，大きめの単元で扱っていく工夫が求められる。

とりわけ，低・中学年の運動領域に示されている各運動の中には，そのまま取り上げたのでは学習の深まりや発展性を十分に期待することができにくい運動が見られる。先に述べた運動の機能的特性に基づいて，内容の発展性の視点

63

から運動を取り扱い，年間計画を作成していくことが必要であろう。

③ 学習者の興味・関心，能力などのレディネスに合った運動種目の選定

運動の機能的特性が明確で，しかも，内容の発展性が豊かな運動種目であったとしても，学習者の興味・関心（動機）や能力（体力，技能，知識，理解力など）にその運動が合っていなければ，その運動の学習のねらいは学習者のレディネスと合うものとはならないから，運動への取り組みはきわめて消極的になり，取り組んだとしても，課題を達成し得ないままに終わってしまうであろう。それゆえ，運動種目の選定に当たっては，各学年児童の心身の特性や運動に対するレディネスを十分に考慮していくことが大切である。

④ 全人的な発達にかかわる運動種目の選定

小学校期の児童の体や心は未発達なところが多く，体育では取り上げる運動を通じてそのよりよい発達を促すことが求められる。それは運動には人間の心身の発達を促す効果があるということでもある。運動種目の選定では，このような児童の身体的発達をはじめ，協力性，責任感，公共心，思いやりなどの社会的態度の育成に役立つような種目の選定を行っていく視点も大切である。このように選定された運動は，手段的に扱われるのではなく，目的的に扱うこと（運動そのものの機能的特性を内容として扱うこと）によって，児童の全人的発達に役立つことができる。なぜなら，人間が文化として洗練してきたスポーツやダンスには，人間の心身を鍛えるだけの価値が保有されてきたからである。

● 年間計画における単元の取り上げ方の工夫

1）単元構成の工夫

限られた体育の授業時数（年間35週，90～105時間）の中で，しかも，各学年児童の発達的特性や学習の適時性との関係において，学習者一人一人の時間的ゆとりのある運動の学習と深まりを期待することは，たとえ運動の機能的特性の明確な運動種目すべてを総花的に，細切れ的に年間計画に取り入れたとしてもそれだけでは達成できない。したがって，児童の発達や学習経験，学習能力などの準備状況に応じて，各学年での単元構成（運動種目の取り上げ方）を工夫していくことが必要になる。

そのためには，まず各学年の主単元となる種目と副単元となる種目を決め，主単元に比較的多くの時間数を配当し，副単元には比較的少ない時間数を配当したり，さらには，各学年の重点種目の選定や，主単元と副単元との組み合わせ単元によって，一つの単元に充てる授業の回数を確保したりして，限られた年間授業数を有効に使おうとする工夫が求められる。

① 各学年の主単元となる種目の決定

これは各学年の主単元となる種目と副単元となる種目を決め，主単元に比較的多くの時間数を配当し，副単元には比較的少ない時間数を配当して限られた年間授業数を有効に使おうとする工夫である。

しかし，ここでの主単元，副単元の関係は，単に主単元にメジャーな種目を配し，副単元にはマイナーな種目を充てるというものではなく，学習者の学習の適時性やレディネスと学習による運動の機能的特性の深まりとの関係，並びにその種目の学習経験の程度などに基づいている。したがって，主単元あるいは副単元となる運動種目を選び出すめやすが必要になる。それには次のような観点が考えられよう。

〔主単元及び副単元となる運動種目の選定のめやす〕

> A．主単元となる運動種目
> 1．運動の機能的特性が明確であること。
> 2．学習の深まりが期待できる豊かな内容があること。
> 3．学習者の発達的特性や興味・関心，技能，学習経験などの状況に合っていること。
> 4．学習者の自発的，自主的な取り組みが導かれるものであること。
> B．副単元となる運動種目
> 1．学習指導要領の示す運動で，運動の機能的特性はあまり明確でないが，発達や運動能力を高めることとの関係で学習させたり経験させることが必要と思われる運動。
> 2．学習経験は初めてであるが，学習の適時性やレディネスが比較的低い運動。

> 3．すでに，重点種目として学習し，かなりの学習の深まりが進んだ運動。
> （注）なお，Aの主単元では，めやすの1〜4のすべてを満たすことが条件となるが，Bの副単元では，各めやすの一つでも満たしていればよい。

② 各学年の重点種目の決定

先に述べたような年間計画に取り上げる運動種目の視点にしたがって，各学年の主単元となる運動種目を選び，それらに時間数を配当していく際に，学習指導要領に示されている単元種目の中で主単元として取り上げることができる種目はかなり多いので，年間の限られた授業時数では運動の特性の学習を深めていくだけのゆとりのある時間数の確保が難しいという問題が出てくる。その場合には，各運動領域に示されている運動種目の中から，各学年の児童の学習の適時性や学習のレディネスに合った運動種目を選び，それを重点種目として主単元で扱い，その他の運動種目は副単元として位置づけるような年間計画の工夫を考える必要がある。

例えば，器械運動系の領域では，鉄棒運動（鉄棒遊び）は中学年で重点種目（主単元）とし，高学年で副単元の扱いとし，陸上運動系の領域では，リレー型の運動は中学年では重点種目（主単元）とし，高学年では副単元として扱い，ハードル走は高学年では重点種目（主単元）とするなどが考えられよう。また，高学年の走り幅跳びと走り高跳びでは，走り幅跳びを5年，走り高跳びを6年の重点種目（主単元）として扱うなどの工夫が考えられよう。

なお，中学年のゲーム領域においては，ゴール型，ネット型，ベースボール型のゲームはバランスよく扱う必要があろう。

③ 主単元と副単元との組み合わせ単元の導入

運動に触れる1回の時間量と授業の回数は学習の深まりに関係する。当然，両方とも多い方が学習の深まりには有効であろう。しかし，両方を十分とることは年間授業時数の制約からきわめて難しいので，どちらかを優先しなければならない。1授業時間を1種目に充ててしまうと，全種目を考えた場合に細切れ的な時間配当しかできないので，学習が深まるだけの時間的ゆとりのない授

業が多くなってしまう。しかし，学習のまとまりを考えた場合，1授業時間を1種目で使う方が具合のよい種目（ボール運動など）もある。また，学習者の興味・関心，意欲，体力などの持続性から，1回の時間が多いよりも授業の回数を多く確保した方がよい種目（低・中学年の種目）も多い。このようなことから，小学校の体育の年間計画における単元の構成は，主単元のみの単一（独立）単元と，主単元と副単元との組み合わせ単元とで構成することが考えられる。

また，年間計画の中で，同一種目1単元構成にするか，あるいは，2～3単元構成にするかの問題がある。これについては，一般的に，年間同一種目を比較的長く学習した方が，学習の深まりが期待できるといわれている。したがって，小学校体育の年間計画では，同一種目年間1単元構成を主として考え，低学年では，低学年児童の興味・関心の持続性の弱さや少なさを配慮して，年間同一種目の複数単元の構成を考える必要があろう。

●単元の規模

学習の進む速さがそれぞれ違う一人一人の児童が，運動が好きになったり，できるようになったりするためには，かなりゆとりのある学習の時間数が確保されなくてはならない。また，生涯スポーツにつながる運動への自発的，自主的な態度や運動への愛好的な態度を養う体育をめざすためには，すべての児童に運動への自発的，自主的な努力や工夫，あるいは，能力に応じた運動への挑戦などができる比較的長い学習時間の確保が求められる。

しかし，年間計画の体育の授業時間数は限られているから，その中で運動の特性や児童の発達的特性の違い，並びに，主単元，副単元の違いなどの条件を配慮して，まず，学習のまとまりと効果が期待できる規模にすることが必要であろう。

単元の規模は，一般的に，小単元4～6時間，中単元7～10時間，大単元11～20時間が考えられるが，低学年より高学年の方が，また，副単元より主単元の方が大きくなろう。また，中学年以上のボールゲームやボール運動では，比較的大きい単元規模が適切である。小学校段階の単元規模は，低学年1単元

5〜8時間，中学年6〜10時間，高学年8〜12時間程度がめやすとなろう。

なお，単元の大きさを決める際に，最低次のような事柄の学習時間が確保できる程度の単元規模にすることが求められよう。

ア．学習のねらいや進め方などを知る時間（学習の見通しを知る時間）
イ．自分の力を知ったり，確かめる時間
ウ．課題を把握したり，解決の手がかりを知る時間
エ．課題に挑戦したり，練習をする時間
オ．新しい工夫を試みる時間
カ．学習活動を評価したり，まとめたりする時間など

●単元の配列

学校として取り扱う内容が確認され，その内容を学習活動の展開に効果的な単元に構成する方針が決められたあと，残っている重要なことは，それらを年間にどのように配列するかということである。単元の配列に際して，おおむね，次のような点を配慮していく必要があろう。

ア．児童の興味・関心，能力などの状況と運動の特性とを配慮して，児童の負担過重になったり，意欲を失ったりすることのないように配列する。例えば，同じ種目や体力的に似た種目を続けて配列しないなどの配慮である。

イ．運動の発展的系統や運動の特性と学習の適時性を十分考慮して，6学年を見通して合理的に配列する。例えば，第1学年から第6学年までに扱う運動種目の系統性への配慮，あるいは，学年（発達）に応じた適時性の高い運動（重点種目）への配慮である。

ウ．年間計画を通じて，各領域の内容が著しく偏らないよう配列する。例えば，3学期全体をサッカーに充ててしまうといった特定種目への配列は，著しく偏った配列といえよう。

エ．学級数と施設・用具の整備状況とのかかわりを考慮する。例えば，学級数の多い学校では，運動場，体育館などの使い方が難しくなるので，保有施設の収容能力を考慮して運動を配列するなどの工夫である。

オ．気候や季節を考慮する。年間を通じた気温，雨，雪などの状況に応じた

運動種目の配列を考える。
カ．体育的行事（運動会，校内競技会等）や保健・安全的行事との関連を図る。

《嘉戸　脩・立木　正》

[補] 総合的な学習の時間と小学校体育

　平成20年3月の小学校学習指導要領の改訂の基本方針の一つに，「道徳教育や体育などの充実により，豊かな心や健やかな体を育成すること。」があげられている。

　特に，体育については，「児童自ら進んで運動に親しむ資質や能力を身につけ，心身を鍛えることができるようにすることが大切であることから，低・中学年において授業時数を増加し，生涯にわたって運動やスポーツを豊かに実践していくことと，体力の向上に関する指導の充実を図るとともに，心身の健康の保持増進に関する指導に加え，学校における食育の増進や安全に関する指導」を総則に新たに規定するなどの改善を行った。

　また，「教育課程編成の一般方針」の「3　体育・健康に関する指導」（第1章第1の3）において，「学校における体育・健康に関する指導は，児童の発達の段階を考慮して，学校の教育活動全体を通じて適切に行うものとする。……」と示されている。

　小学校体育の重要性を疑う人は誰もいないであろう。体育授業の充実・改善を図ることはもちろんのこと，特別活動の時間や総合的な学習の時間等，各教科，道徳，領域等との関連を図り，学校教育活動全体を通じ，一人一人の子どもを運動好きにし，運動に親しませ，健康の維持増進と体力の向上等を図っていくことが重要となろう。

　ここでは，「年間計画の考え方・立て方」を「体育授業」だけにしぼらず，学校教育活動全体を通じて体育・健康に関する指導を行うべきであるという考え方のもとに，特に，「総合的な学習の時間」との関連を図る視点から「小学校体育」を考えることにする。

「総合的な学習の時間」が創設されたのは，平成10年の学習指導要領の改訂の時である。

平成20年3月の改訂における「総合的な学習の時間」の改善の基本方針の主な点は，ねらいとして，「変化の激しい社会に対応して，自ら課題を見つけ，自ら学び，自ら考え，主体的に判断し，よりよく問題を解決する資質や能力を育てる」ことなどを挙げている。「総合的な学習の時間」においては，日常生活における課題を発見し解決しようとするなど，実社会や実生活とのかかわりを重視したり，教科等の枠を超えた横断的・総合的な学習，探究的な活動を行ったりすることをより明確にしている。

それまでは，「総則」においてその趣旨やねらいなどを定めてきたが，平成20年の改訂では，「総合的な学習の時間」の教育課程における位置づけを明確にし，総則から取り出し新たに第5章として位置づけている。

では，「小学校体育」と「総合的な学習の時間」は，どのような関連があると言えるのであろうか。これまでの反省点として，補充学習のような特定の教科の知識・技能の習得を図る教育が行われたり，運動会の準備などと混同された実践が行われたりしている例も見られたことも事実であろう。

しかし，「生涯スポーツの基礎教育」としての学校体育や体育授業を考えた時，この「総合的な学習の時間」の目標やその趣旨，学習指導の基本的な考え方は，両者に共通点があるといってよい。

「学び方を身につけ，問題の解決や探究活動に主体的，創造的，協同的に取り組む態度を育てる」ことなど，体育の学習指導の考え方と全く同様であると言っても過言ではない。「今もっている力」（現在的力量）から出発し，自分の能力に適した課題を設定し，創意・工夫，努力のもと，自発的な学習を進め課題を解決していこうとする「探究型の学習」（課題解決型学習）そのものであると言ってよい。

その結果として，当然，技能や体力は向上し，その過程の中で友だちとの関わり，学び合いも高まり，運動の楽しさ・喜びを味わい，深め，発展させることができるようになろう。

また,「総合的な学習の時間」における「年間指導計画の作成」に当たっては,「第3の1の(6)」に「各教科,道徳,外国語活動及び特別活動で身に付けた知識や技能等を相互に関連付け,学習や生活において生かし,それらが総合的に働くようにすること。」とあるように,各教科等との関連的な指導を行うことが求められている。

なお,「年間指導計画」の中に,「体育的活動」を取り入れる場合の一つの工夫として,興味・関心別のグループ編成や,学級を超えた学年全体での活動,さらには異年齢集団による活動,異学年体育活動などの多様な学習形態の工夫が考えられよう。さらには,地域の人々の協力も得つつ,全教師が一体となって「体力つくり」などの指導体制についての工夫も期待される。

現在の子どもを取り巻く環境を考え,心と体の一体化を図りながら健全な人間の育成を図る時,体育授業の充実・改善はもちろんのこと,総合的な学習の時間の小学校体育にかかわる活用・工夫がより一層重要となろう。

《立木　正》

(3) 単元計画の考え方・立て方

a　単元計画とは

授業計画における単元は,学習内容と学習活動のまとまりである。これからの体育の方向である生涯スポーツを目指した体育の授業では,運動種目がまとまりのある内容であるから,運動種目が単元を構成する。したがって,体育の単元計画では,取り上げた運動種目の学習のねらいとその道筋,及び指導をどのように予定するかが具体的な問題となる。

b　単元計画（学習指導案）の立て方

① 単元名…どのような運動を単元として取り上げるのか→運動の機能的特性が明確で,内容のまとまりのある運動種目→運動の機能的特性が体育の学習のねらい・内容

② 運動の一般的特性…運動の特性をどう捉えるか→運動の機能的特性から

1．スポーツ,ダンスの特性…遊びの性格（楽しさ欲求の充足）→競争的,

克服的,達成的挑戦の楽しさ欲求の充足(スポーツ),表現(模倣・変身)の楽しさ欲求の充足(ダンス)

2．体操(体つくり運動)の特性…身体的な運動の必要(健康・体力的な運動の必要)を充足するために人為的に作られた運動

③ 学習者から見た運動の特性…運動をどのように取り上げるか→学習者の立場から

・単元として取り上げた運動種目をクラスの児童・生徒の興味・関心,能力(知識・体力・技能等)等の学習レディネスの状況やクラスの一般的な人間関係や雰囲気等の実体から捉え直す手続き→学習のねらい・内容,学習活動,指導活動の明確化

④ 学習のねらい

・単元で取り上げる運動種目の一般的特性(機能的特性)と学習者の立場から見た運動の特性から,学習のねらいと内容を明確にし,単元における運動の機能的特性の学習(取り組み方)方向を明確にする→学習者の特性に合った機能的特性の追求→自発的学習の展開

⑤ 学習過程・道筋(単元と毎時の流れ)

・単元や毎時の流れの各学習指導段階で機能的特性に触れ,深められるように区分けする

・楽しさのフロー理論の応用(能力,興味・関心のレベルと挑戦課題レベルの対応)

・単元と毎時の流れの原則…「今もっている力での取り組み」→「工夫した力での取り組み」

・ステージ型(直線型の学習の深まり)やスパイラル型(螺旋的な学習の深まり)の採用

⑥ 学習と指導の展開…自発的学習とそれへの援助的指導

学習のねらいと道筋が設定されることによって,単元の学習の方向と流れがだいたい整ったことになる。しかし,学習者がねらいと道筋に従って自発的な学習を展開していくためには,それを促すような具体的な学習活動と指導活動

(3) 単元計画の考え方・立て方

が予定されなくてはならない。この学習活動と指導活動は「はじめ」「なか」「まとめ」の段階に分けられる（学習指導段階）。また，この各段階は単元全体と本時の両方で行われる。

1)「はじめ」の段階

　これからの学習の準備をする段階で，学習に見通しを持つための手続き的な活動が中心である。また，この段階は，どちらかといえば，教師が指示したり，準備をしたりすることが多い段階であるが，学習者の考えや能力の状況に応じて学習者とともに準備していくことが必要である。

・学習のねらいや道筋を知ったり，確認をする
・単元全体（本時）の時間的予定を知る
・グループ分けや役割分担をしたり，確認をする
・学習のきまりや約束を作ったり，確認する
・使用する施設や場，用具を確認したり，準備する　等

2)「なか」の段階…学習活動と指導

〔学習活動〕

　学習のねらいに向けて，学習の道筋に従った自発的な学習活動の展開が中心となる段階である。それゆえ，具体的な学習活動が予定されなければならない。

・単元のねらい1～Xとその時間配分（単元計画）
・1時間のめあてや課題とその時間配分（時案）
・ゲームの形式（ルールや時間），対戦相手の決め方，コート等の使い方，予測される作戦，練習の仕方
・挑戦する技や記録，挑戦する場とその工夫　等

〔指導〕

　学習者の自発的な学習活動を導き，援助していくための教師の具体的な指導を予測する。

・指導活動の観点…問題の発見，原因→指導の発動

3)「まとめ」の段階

　単元や1時間の学習を振り返り，学習してきたことを整理し，次の単元や時

間の学習へ向けためあてや課題の手がかりを得る段階（学習評価の段階）。
・めあてや課題への取り組みの様子——どこが楽しかったか，どこがうまくできたか，どこがうまくできなかったか，どんな工夫ができたか，誰とうまくでき誰とうまくできなかったか　等
・改善したいところや直したいところはどこか
・次の単元や次の時間では，何をめあてや課題としたいか　等

　これらの点について，個人でまとめさせたり，グループで話し合わせたりする。さらに，クラス全体でまとめさせたり，個人やグループのカード等に整理させる。

〔学習指導案（単元計画）の一般的な形式例〕
　1．単元名…（運動種目及びそれに準じた名称）
　2．運動の一般的特性…（機能的特性とそれにかかわる構造的特性）
　3．学習者から見た特性…（学習者の当該運動種目に対する興味・関心，能力，知識等の準備状況やクラスの人間関係等）
　4．学習のねらい…（運動の一般的特性と学習者から見た運動の特性から導かれる単元学習の方向）
　5．学習の道筋…（運動の機能的特性に触れ，深めるための単元の区分け，一般的には，今の力での取り組み→工夫した力での取り組みの流れ）
　6．時間配分…○時間（単元に必要な時間や回数の予定）
　7．使用する施設や用具等
　　1）施設…　　2）用具…
　8．学習と指導の展開

はじめ（○時間）	・学習のねらいや道筋を知る。 ・単元全体の時間的な予定を知る。 ・グループ分けや役割分担をする。 ・学習のきまりや約束を作る。 ・使用する施設や場，用具を知る。等

(3) 単元計画の考え方・立て方

	学習活動	指　　導
なか（〇時間）	・ねらい１… 　活動例 ・ねらい２… 　活動例（めあて１～めあて２） ・ねらいＸ… 　活動例	（指導の観点） ・自発的活動か ・めあてや課題は明確か ・めあてや課題は適切か ・解決の手がかりの有無と理解 ・場や用具の安全，ルールや約束は適切か ・人間関係は　等
まとめ（〇時間）	・学習の反省と記録の整理（グループカード等へ） ・楽しかったことやできなかったこと，工夫したこと，改めたいこと，次にやりたいこと等をまとめる。	・ねらいやめあて，課題から学習を振り返らせる。 ・個人や共通の問題を考えさせる。

《嘉戸　脩・立木　正》

IV章　学習評価の考え方と工夫

(1) 体育科における学力観とその考え方

a　教育における学力観の変遷ととらえ方

「学力とは何か」をとらえることは，案外むずかしい。なぜなら，学力とは学んだ結果なのか，学ぶ過程に現れるものなのか，あるいは固定的・普遍的な性格をもつものなのか，流動的・可変的なそれなのか，さらには学力を規定する社会や組織・集団によって内容が変わるのか，変わらないのか，など多様な見方が可能だからである。教育における学力観は，一言でいえば社会が教育に求める必要や要求によってその内容が左右されてきたから，学力をどのように評価するのかも一定ではなかった。例えば，戦前と戦後の教育に求められた学力の内容やとらえ方には大きな違いがあることは，誰しもが認めるところであろう。

したがって，これまでのところ「学力」それ自体の明確な定義は施されていない。それは，子どもたちのうち（頭の中）に客観的に存在する目に見える実態としてのモノではなく，例えば「知っている」とか「できる」とかいった知的性向としてみられるから，その性向がある尺度によって測定されたからといって，その結果を「これが学力だ」と宣言することは容易にできないのである。逆に言えば，できないからこそ学校教育に限定されることのない永続的な学習の営みが，いつの時代にも求められていると言えるのであろう。

しかし，このような学力の性質にもかかわらず，わが国ではおおむね1970年代の高度経済成長期まで，外的に測定可能な知識・理解や技能を中心とする科学主義的な学力観，あるいは結果としてどれだけのことが身に付いたのかを内容とする学力観が中心であった。それは，高度経済成長社会に必要な学力が

結果として身に付いた知識や技能を量として測定することによって，そのまま客観的に評価されるというとらえ方を強く要求されていたからであった。だから，このような学力のとらえ方と科学技術の進歩・発展は，相互に影響し合いながら学力を評価する精緻化された工学的な評価技法の発達をもたらし，いっそう数量化された学力のとらえ方と評価法を教育に導入させていく結果となった。

しかし，1992（平成4）年度小学校教育課程運営改善講座資料（文部省，当時）によれば，

① これからの教育では社会の激しい変化に対応するために子どもたち自らが主体的に判断し，表現できる資質や能力が必要なこと，
② そのためには内発的な学習意欲を喚起し，自ら学ぶ意欲や思考力，判断力，表現力などの育成を学力の基本とする学力観に立って教育を進めることが大切なこと，

の2点を強調し，高度経済成長社会の教育にみられた，結果として身に付いた知識や技能を学力の中心とみなして評価する考え方の変更が示されたのである。この背景には，高度経済成長社会以降のポスト産業化社会を見据えた生涯学習社会の基礎を培う学校教育の新たな社会的役割の強調があり，その基礎的なねらいの一つに自ら学ぶ意欲を育てながら社会の変化に主体的に対応できる能力の育成をおいたことがあげられよう。また，1996（平成8）年の中央教育審議会答申『21世紀を展望した我が国の教育の在り方について』において，変化の激しい社会を担う子どもたちに必要な力（学力）とは，基礎・基本を確実に身に付けるとともに，いかに社会が変化しようとも自ら課題を見つけ，自ら学び，自ら考え，主体的に判断し，行動し，よりよく問題を解決する資質や能力であり，豊かな人間性とたくましく生きるための健康や体力などの，いわゆる「生きる力」であるとの理念が示された。

ところが一方で，このようないわゆる「ゆとり教育」がめざす学力観に対する批判が，21世紀に入ってとくに高等教育分野における国語，数学（算数），理科などの言語教育や科学教育から噴出するようになってきた。また，グロー

Ⅳ章　学習評価の考え方と工夫

バル社会のなかで先が見えない人びとの不安感情は，これをいわゆる「学力低下」問題としてとらえ，教育に対する不安や不信を募らせる要因ともなっている。他方，文部科学省は2008（平成20）年３月に小学校学習指導要領を告示したが，その直前に出された同年１月の中央教育審議会答申『幼稚園，小学校，中学校，高等学校及び特別支援学校の学習指導要領等の改善について』では，21世紀とは新しい知識・情報・技術が政治・経済・文化をはじめ社会のあらゆる領域における活動基盤として飛躍的に重要性を増す，いわゆる「知識基盤社会（knowledge-based society）」の時代であるとの認識をふまえつつ，そこに求められる必要な主要能力（キーコンピテンシー）がこれまで学力としてとらえてきた「生きる力」によって先取りされているという見解を示した。また，2007（平成19）年６月に公布された学校教育法の一部改正により，小・中・高等学校では「生涯にわたり学習する基盤が培われるよう，基礎的な知識及び技能を習得させるとともに，これらを活用して課題を解決するために必要な思考力，判断力，表現力その他の能力をはぐくみ，主体的に学習に取り組む態度を養うことに，特に意を用いなければならない」と定められている。この規定に従えば，その定義が常に議論されてきた学力の重要な要素とは，

① 基礎的・基本的な知識・技能の習得
② 知識・技能を活用して課題を解決するために必要な思考力・判断力・表現力等
③ 学習意欲

を示すこととなり，先の「ゆとり教育」批判を受けた影響による①の強調はみられるものの，その学力観とめざす評価の方向性はあまり変化していないことが理解されるのである。

つまり，今後めざされる学力観とは，基礎的な知識や技能の習得（①の学力要素）が，今もっている個人あるいは集団の能力に適切な学習課題を設定することで意欲的（③の学力要素）にこれを解決していくとき（②の学力要素）に，必要とされたり，使われたり，見つけられたりしながら着実に学習者によって進められていくという考え方なのである。しかし，体育の学習評価をめぐる問

(1) 体育科における学力観とその考え方

題は，歴史的にみると①と②・③との関係をどのようにとらえるのか，すなわちどちらに評価の力点をおいて授業を進めるのかにある。体育の特徴からは，冒頭に述べた高度経済成長期に特徴的であった，外からみた評価が比較的容易な①（基礎的技能の習得）の要素にどうしても傾いてしまうからである。

b 体育科における学力観の見方・考え方

　小学校体育科では，昭和50年代の学習指導要領から「運動に親しむ」ことが目標とされ，運動やスポーツを自発的・自主的に学習し，より確かな生涯スポーツの推進をねらうための学習指導理論が共通に展開されてきた。2008（平成20）年に告示された学習指導要領においても体育科の目標は，「生涯にわたって運動に親しむ資質や能力の基礎を育てる」となっており，これまでの体育科の考え方をいっそう明確にしていると考えられる。そこでは，現在の体育学習によって子どもたちが身に付ける学力が，生涯学習・スポーツ社会に向けてどれだけ着実に「生きて働く力」となるのかが問われる。確かに，これまでの体育学習においても，一人一人の子どもが運動の意味や価値を理解し，運動の楽しみ方や親しみ方を自分なりに習得することを求めて，彼らが自ら考え，判断し，めあてをもって学習を進めるという方法がかなりの程度広がってきていると考えられる。

　しかしながら，前述したような学力低下問題の影響から，体育科においても「学」力を単純に「体」力や「技」能に当てはめて，これを直接的に向上させようとする学力観にもとづく体育評価の考え方が再び導かれようとしていることも否めない事実である。学力低下論議は，「不足する」学力という見方を正当化するために「学力」を定義しようとするから，体育科では体力や技能がその直接の対象となりやすく，それによって「何を教えるべきか」（指導）の内容も明確に導きやすくなる。当初，体育科では最低限身に付けさせるべき基礎・基本の能力を学習者の側からとらえて，例えば（ある学年段階の）学習者全員が「50メートルを何秒のタイムで走ることができる」とか，「何キログラムの重さを持ち上げることができる」とか，「ボールを何メートル投げることができる」とかいった内容によってこれを構成しようとする議論もなされてい

IV章　学習評価の考え方と工夫

た。この議論はさすがに実現することはなかったが，注意すべきことは，体育科における学力観とそれにもとづく体育評価では，往々にしてこのような議論がまことしやかになされる危険性があり，どのような学力の理念を掲げていても具体的な評価場面で，このような単純な評価観に支配されやすいしくみをもっているということなのである。このような評価「基準」が多様な学習者（特別支援を要する学習者を含め）の学習状況に対して最低限到達すべき（ミニマムな）目標として示されれば，指導者にとって「○か×か」の単純な評定は下しやすくなるであろうが，学習者にとって意欲や思考・判断が生じ育てられる機会は失われ，体育嫌いやスポーツ嫌いが量産されることは明確であろう。

　結果的には，体育科で最低限身に付けさせる学力とは何かに関するミニマム論議は，その対象を学習者から指導者にシフトさせ，指導内容のミニマム（最低限指導すべき内容は何か）を明らかにすることに統一された。それが学習指導要領に示された内容を構成することになり，それらの指導の結果，学習者がどのような学習の「できばえ」を示したのか，これらの到達状況をなるべく質的に明らかにすることが評価の問題として指導する側からとらえられるようになった。これが，後に述べる「評価規準」の問題に発展していくことになるのであるが，ここでは評価が問題として取り上げられる背景と体育科との関係についてのみ頭出ししておくことにしよう。

　いずれにしても，学習者の立場からみた学力観とそれにもとづく評価観が，先に述べた「①基礎的・基本的な知識・技能の習得」という学力の一つの構成要素を強調することによって見失われがちになること，そしてそのような傾向が体育科の評価観にとくに顕著にみられることは確かなようである。

(2) 学力観と体育評価

　体育の学習評価を意味する体育評価とは，体育の学習によって生じる学力の変化を学習目標に沿って判定することによって学習者の学習状況（できばえ）を的確に把握し，学習を改善し向上させるためにどのような学習と指導を進めていけばよいのかを考える一連の過程である。ここでは，これまで述べてきた

(2) 学力観と体育評価

学力観との関係で体育評価がどのような基本的意味をもつことが期待されているのか，またそれは何を評価し（内容），いかに評価されるのか（方法）について述べてみることにしよう。

a これからの学力観に対応した体育評価の基本的意味

体育評価の問題は，前述したように体育の考え方や学習指導のあり方と表裏の関係にあるので，これからの学力観が重視する先の三つの要素（①基礎的・基本的な知識と技能，②①を活用した思考力・判断力・表現力等，③学習意欲）をそれぞれ尊重しながら，これら三つの要素の関連のあり方を体育評価の基本的意味を検討することによって明らかにしていかなければならない。

まず第一に，体育評価は体育を学習する子どもたちの自己理解，自己評価を援助し，それをより確かなものにするために行われなければならない。これからの学習指導では，子ども一人一人が自ら学ぶ意欲や能力（自己享受能力や問題解決能力）を開発し，それらを着実に身に付けていくことが重要であるから，運動を行う子ども自身が自らめあてを見つけてこれを決め（plan），実施し（do），その結果を観察し検討して修正を施す（see），という一連の「自己評価」活動を促進することがいっそう大切になってくる。そのために指導者は，このような子どもたちの自己評価活動が円滑に進められるよう基礎的・基本的な知識や技能に関する指導を行ったり，自己評価の進め方や行い方，あるいは学習意欲や思考・判断の仕方に関する評価と指導を行ったりすることが求められる。具体的には，全体に対する一斉型あるいは個別型の直接的な指導助言は言うに及ばず間接的な指導計画や評価計画の工夫，さらには学習資料の提供や学習活動の場の工夫など，さまざまな指導活動を学習評価に基づいて効果的に行う必要がある。図4－1（次ページ参照）は，このような自己評価のサイクルと体育学習の関係を示したものであるが，これらのどの要素においても指導者の立場からの的確な評価活動にもとづく積極的な指導活動（指導と評価の一体化）が基本的に要求されるのである。

したがって第二に，体育評価は，こうした指導活動が適切に行われ，子どもの自己評価の働きに十分に生かされているのかどうかを確かめていく指導者の

Ⅳ章　学習評価の考え方と工夫

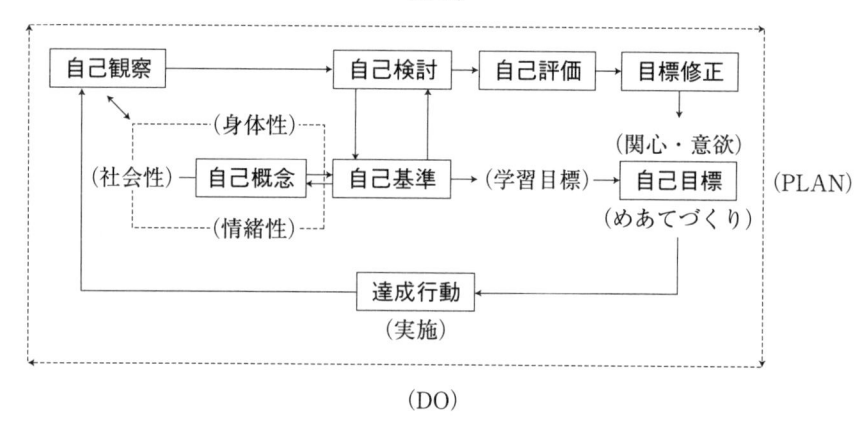

(SEE)

```
自己観察 → 自己検討 → 自己評価 → 目標修正
          (身体性)                  (関心・意欲)
(社会性) 自己概念 — 自己基準 → (学習目標) 自己目標   (PLAN)
          (情緒性)                  (めあてづくり)
                    達成行動
                    (実施)
```

(DO)

図4-1　自己評価のサイクルと体育学習
（成田十次郎ほか編著『体育科教育学』ミネルヴァ書房，1987年，168頁の図を改変）

指導活動に対する評価として行われなければならない。すなわち，指導者が体育授業における自分自身の指導の成否を確認し問題点を反省して，その後の授業を合理的，効果的に進めるための情報として生かされるような体育評価である。このような，いわゆる指導者の指導活動に対する評価のフィードバック機能が，子どもの自己評価を確実なものにすることにつながり，結果として運動の基礎的・基本的な知識や技能を子ども自らが要求したり，その重要性に気づいたり，あるいは運動に対する関心や意欲を高めていくことと関連して的確な思考・判断の能力を身に付けることに生かされたりしていくのである。

　第三の意味は，すでに言うまでもないことであるが，成績通知表や指導要録などの記載に活用されなければならないということである。とくに，これからの体育カリキュラムが小・中・高校の連続的な学びの姿を求めて，小学校から中学校への接続や中学校から高校への接続を重視し，従来の「6・3・3」からいわゆる「4・4・4」の学習のまとまりでカリキュラムを構成していることから考えても，学習活動における自己評価の発展やそれに及ぼす指導の記録のつみかさねは非常に重要な体育評価の基礎資料となり，それらの基礎資料を

さらに体育評価に生かし続けることで学年進行に伴う体育学習の発展に大いに寄与することが期待されるのである。

b 体育評価の観点

体育評価の観点は，表4-1の体育における小学校児童指導要録（平成13年版）の記載内容に示されるように三つの観点から構成され，その主な趣旨は以下の通りである（保健の観点を除く）。

表4-1　小学校児童指導要録における体育評価の観点とその趣旨

観　点	趣　旨
運動への関心・意欲・態度	進んで運動に取り組もうとする。
運動への思考・判断	運動の課題の解決をめざして活動の仕方を考え，工夫している。
運動の技能	運動の楽しさや喜びを味わうために必要な動きや技能を身に付けている。

「運動への関心・意欲・態度」では，運動の特性を運動の楽しさや喜びにふれることのできる機能的特性としてとらえることによって，その楽しさ体験の程度やそれを求めようとする態度が主な内容となろう。この観点は，ややもすると情緒的・感情的なレベルでとらえられ，指導や評価になじまないものとして受けとめられがちである。しかし，これからの学力観にとって生涯にわたる継続的な学習を支えるのは，上記の三つの観点の相互関連性からトータルに育まれていく運動へのリアルな参加動機であり，それは結局のところ「関心・意欲・態度」に集約されていくのではないかと考えられる。技能や知識，思考・判断の裏付けのない関心・意欲・態度は短絡的で受動的であり，文字通り情緒に流される内容としてしか評価されないであろうが，これら三つの観点が一体化した上で評価される関心・意欲・態度の醸成こそが，これからの体育評価の観点として重要なのである。

「運動への思考・判断」とは，社会の変化に主体的に対応する能力の育成にかかわる思考力，判断力を体育学習において「学び方」の観点から評価しようとするものである。とくに体育学習の場面では，自分の能力に適した課題（め

Ⅳ章　学習評価の考え方と工夫

あて）を自ら設定し，その解決の見通しをもちながら主体的に活動の仕方を考えたり，工夫したりする能力の育成が重視される。

「運動の技能」については，前述したように2008（平成20）年に告示された学習指導要領のなかで，身に付けさせるべき基礎・基本的な学力として重視されている。しかし，この観点別評価は，結果としての技能のできばえを総括的・重点的に評価するというよりは，他の「関心・意欲・態度」や「思考・判断」の観点とつなげていくなかで，何ができ，何ができないのか，何につまずき，どのようにしたらそれを解決していくことができるのか，といったことを意欲的に見出していく学習活動の手がかりとして評価していくことの方が大切である。

c　体育評価の方法と資料

基本的には，学習指導要領に示された体育科の目標に照らして，その実現状況を三つの観点ごとに評価する方法がとられている。具体的には，「おおむね満足できると判断されるもの」をBとして目標に準拠したできばえの「規準」（※具体的な定義や内容については，第3項で述べる）をおき，これ以上に「十分満足できると判断されるもの」をA，逆にこれ以下で「努力を要すると判断されるもの」をCとして評価する方法をとっている。

これらの方法を具体化していくためには，体育評価の観点を具体的に子どもたちの学習状況に照らし合わせて明確化していく手続きと同様に，どのような評価資料をどのような方法で収集し，どのような方法基準にもとづいて評価を行うのか（例えば，絶対評価か相対評価か，あるいは到達度評価か達成度評価かといった）方法論レベルの問題にも，これまで以上に自覚的に取り組んでいく必要がある。少なくとも，これからの学力観にもとづいてめざされる評価方法の主流は，指導内容のミニマム（最低基準）を表わす学習指導要領の記述内容にもとづいて構成された学習のクライテリオン（規準）に到達しているできばえの状況が絶対的に評価されることになるからである。

一方，学習者自らがその学習状況を的確に把握し理解することに役立つ評価資料は，前述した図4－1の自己評価のサイクルを念頭に置きながら，子ども

自身や子どもと子ども，指導者と子どもといった自己評価や相互評価を毎時間繰り返し行うことによって考案されなければならない。これらの評価資料には，
① 学習のねらいや道すじ（学習の進め方）を理解するために必要な資料
　　（例：学習の仕方や工夫の仕方を箇条書きにしたり，図示したりしたものなど）
② 自分が今できる技や学習内容を確かめ，次に挑戦する課題を決めるために必要な資料
　　（例：器械運動の技や運動内容の表，水泳の泳法の内容一覧，各運動のできばえをチェックする表など）
③ 子どもがめあてを決めたり確かめたりする際に，めあてや評価する基準を明らかにするために必要な資料
　　（例：助走のスピードから割り出される走り幅跳びのめやす表や，身長と助走のスピードから割り出される走り高跳びのノモグラム表など）
④ 自分の運動の姿や方法を確かめ，問題点やつまずきに気づくために必要な資料
　　（例：ビデオや写真など視聴覚機器によるものなど）
⑤ 問題点やつまずきを解決するためのヒントを示すために必要な資料
　　（例：各運動の解説，技術内容の説明，チーム・ゲームの記録，視聴覚教材など）

などが考えられる。また，単元レベルでは，
① 単元の「はじめ」の段階において，その目標やめあてに照らして現在もっている自らの諸能力の程度を知ること（診断的評価）
② 単元の「なか」の段階において，診断的評価にもとづき毎時間の学習活動を工夫したり，活動の変化や高まりを過程的にチェックしたりすること（形成的評価）
③ 単元の「まとめ」の段階において，「はじめ」の段階に比べどの程度変化があったのか，何が良かったのか，悪かったのかを考え評価すること（総括的評価）

Ⅳ章　学習評価の考え方と工夫

といった，一連の評価の流れをおさえておく必要がある。

　最終的な学期ごとの総括的評価は，指導要録の評定につながる。小学校では，第３学年以上で各教科ともに三段階（３・２・１）の表示となっている（第１・２学年は評定しない）。評定は，学習状況を総括的に評価するものであるから観点別学習状況における評価は，当然のことながら評定を行う際の基本的な要素となる。しかし，観点別学習状況の評価をどのように評定に総括するかに関する具体的な方法等，その実態は各学校において工夫することとされている。評価と評定との関係はどうなっているのかについて，子どもや保護者にわかりやすく説明する責任（アカウンタビリティ）が求められている。

（3）授業評価と評価規準

　今日の体育学習では，それぞれの学習のまとまりである単元は言うに及ばず，１時間ごとの授業においてもどのような指導にもとづきどのような評価活動がなされたのか，その結果，目標に準拠して学習活動や指導活動がどのように変化したのかを明らかにすることが強く求められている。そこで，ここでは体育授業における評価活動の基本的な考え方にもとづいて，学習活動における具体の評価規準の構成と内容について考えてみよう。

a　体育授業における学習評価の基本的な考え方

　体育授業における指導と評価との関係は，指導の側から考えれば「指導したことを評価する」ことによって指導に生かすという側面が出てくる。ここでは，評価をめぐって子どもたちの側からみた学習評価と指導者の側からみた指導評価の二つの側面が表裏一体の関係になっている。したがって，この両者の関係の強調は，これまでの体育評価の歴史からみて学習評価が指導評価と結びついてこなかった問題とかかわっているものと考えられる。そうであるからこそ，おおむね下記に示すような指摘が「学習評価の基本的な考え方」として共通にあげられているのである。

① 指導したことを評価するという原則を立てること
児童の到達度を判定するためのものだけではなく，教師にとって，指導したことの実現状況を確認するための指導過程の一部である。
② 観点別評価により多面的に一人一人のよさを認めること
評価は，技能など一面的に評価するものではなく，観点別評価（「関心・意欲・態度」「知識，思考・判断」「運動の技能」）により多面的に一人一人のよさを認めるものである。
③ 「運動の技能」の評価をタイムや回数による量的評価から，評価規準による質的評価に転換すること
例えば，20回リフティングできたということを評価するのではなく，20回リフティングできるようにするためには「何を学べばよいか」を教えて評価する。
④ おおむね満足と判断できる状況を実現するための手立てが重要であること
目標に準拠した評価では，学習指導要領に照らし合わせて，「おおむね満足できる状況（B）」を実現できるよう，努力を要すると判断される状況にある児童に対する手立てが重要である。
⑤ 目的に応じて評価方法を活用すること
集団に準拠した評価（いわゆる相対評価）は，学習活動の中で児童がめざす目標として考えることは可能であるが，個人内評価（伸び率）は文章等で評価し別途フィードバックする。評定につながる評価は，目標に準拠した評価（いわゆる絶対評価）で行なう。

本章の冒頭でも述べたように，これからの学力観が基礎的・基本的な学力の保障を前面に押し出すとすれば，指導者の側の指導内容（何を教えたのか）が当然のことながら問われてくる。その意味では，これまで述べてきた学習評価の基本的な考え方との整合性が，体育授業における学習と指導の相互評価のなかでいっそう問われてくると考えられるであろう。その点で，学習の目標に準

拠した評価規準の考え方の徹底とその具体化は，指導の評価のためではなく，まずは学習活動を進めるための学習評価として機能することが求められる。

b　学習活動における具体の評価規準の作成

　評価規準とは，数量的な達成や到達の度合いを示す「基準」ではなく，学習指導要領の目標（内容のまとまりごと，単元，学習活動における具体的場面のそれぞれに設定できる目標）に照らした学習の実現状況，すなわち子どもが自ら獲得し身に付けた資質や能力の質的な面での学習状況を示す用語である。だから，学習の実現状況は時間や回数で量的に表現されるのではなく，あくまで子どもたちの学習の姿の質的変容を的確にとらえる表現によって示されることになる。

　次に，評価規準には以下の三つの記述レベルが考えられ，全体を網羅しながら包括的・抽象的な表現から次第に学習活動における具体を表現した内容に移行することが求められる（「タテ」の関係，表4－2を参照）。

①　内容のまとまりごとの評価規準

　　複数学年に区分される各運動領域に共通の評価規準

②　単元の評価規準

　　各運動領域における単元の評価規準

③　学習活動における具体の評価規準

　　具体的な学習活動場面における評価規準

　評価規準の設定（文章構成）については，〈「学習内容」＋「場面」＋「状況（できばえ）」〉もしくは〈「学習内容」＋「状況（できばえ）」〉のまとまりで考え，具体的には次のようなことがらを抽出しようとする。

①　学習内容

　　主に「動き」や「ゲームの様相」を抽出する。

②　場面

　　「練習や試合（ゲーム）」「話し合い」の場面等を抽出する。

③　状況（できばえ）

　　「内容」を学習するときに現われる「児童の姿」を行動の様子として抽出する。

(3) 授業評価と評価規準

以上のことをふまえて，主に「状況（できばえ）」に焦点化した学習活動における具体の評価規準を，各観点別に包括的・抽象的記述から具体の記述に変化・発展させてサンプル化した参考例を表4－2に示す。評価規準の設定では，観点を直接受ける言葉や子どもたちの具体的な学びの姿が見えない言葉の使用は避けるようにする。例えば，次のような表現である。
① 「関心・意欲・態度」で避けたい表現例：
　意欲がある，関心がある，考えている，わかっている，など。
② 「思考・判断」で避けたい表現例：
　判断している，励ましあっている，など。
③ 「運動の技能」で避けたい表現例：
　〜回以上できる，チームでできる，サーブが入る，など。

表4－2　学習状況に対する各観点別にみた評価規準の表現例[注1)]

タテ		関心・意欲・態度	思考・判断	運動の技能
	包括（抽象的）	「関心を持とうとする」 「公正な態度をとろうとする」	「工夫している」 「考えている」	「技能を身につけている」 「ゲームができる」
	具体	「進んで取り組もうとする」 （教師の働きかけがあって） 「協力しようとする」 「受け入れようとする」 「気を付けようとする」 「気を配ろうとしている」 「留意しようとする」　等	「見つけている」 「選んでいる」 「構成している」 「活用している」 「利用している」 「予想している」 「当てはめている」　等	「ドリブルやパス，シュートをして攻めることができる」 「安定した動作で開脚跳びができる」 「ハードル間をリズミカルに走ることができる」　等

ヨコ →

評価規準の作成は，三つの各観点別内容を「ヨコ」に，学びの状況表現の具体化を「タテ」にして，そのできばえを「おおむね満足できる状況」（B評価）で表すことにより構成される。これに加えて，「十分満足できる状況」（A評価）と「努力を要すると判断される状況」（C評価）が考えられるが，これらの

「高さ」にかかわる表現においても単純な量的な高まりの程度を表わすのでなく，学習状況のできばえが質的な高まりをもっていると読みとれる的確な表現が必要である。表4-3は，評価規準（B評価）から学びの姿の高まりを表す実現状況の高まり（A評価）がどのように表現されるのかを示したものである。

表4-3　評価規準における実現状況の高まり（高さ）示す表現例[注2]

高さ		関心・意欲・態度	思考・判断	運動の技能
↑	実現状況の高まり	「ねばり強く取り組もうとする」 「最後までやり遂げようとする」 「追求しようとする」 「役割を果たそうとする」　等	「提案している」 「改善している」　等	「スムーズにできる」 「確実にできる」 「タイミングよくできる」　等
		「自ら進んで取り組もうとする」 （教師の働きかけが少なくなっても） 「確かめようとする」 「大切にしようとする」　等	「計画している」 「課題を選んでいる」 「課題を見つけている」　等	「ダイナミックにできる」 「連続してできる」 「繰り返しできる」 「勢いよくできる」 「大きくできる」　等
	おおむね満足で使用される状況	「進んで取り組もうとする」 （教師の働きかけがあって） 「協力しようとする」 「受け入れようとする」 「気を付けようとする」 「気を配ろうとしている」 「留意しようとする」　等	「見つけている」 「選んでいる」 「構成している」 「活用している」 「利用している」 「予想している」 「当てはめている」　等	「ドリブルやパス，シュートをして攻めることができる」 「安定した動作で開脚跳びができる」 「ハードル間をリズミカルに走ることができる」　等

いずれにしても，評価規準がこのような表現にこだわる背景には，小学校6年間を見通した，各観点別にみた学びの状況を共通に認識し，その質的変化に配慮した評価の一貫性と信頼性を確立しようとする考え方があるように思われる。このような評価規準の設定による評価計画の推進は，学校教育に対する信頼が，ともすれば揺らぎがちな社会情勢のなかで，子どもや保護者は言うに及ばず社会全体からその信頼を獲得していく営みと密接に関連している。体育学習における評価の営みは，単なるパフォーマンスの結果を評価する段階から学

習活動に対する多様で，確かな観察力を具体的な言葉で表現し，学習や指導に生かす段階へ着実に移行しつつあると言えよう。

《菊　幸一》

〈注〉
1）2）ともに『中等教育資料』2005（平成17）年9～11月号に掲載された今関豊一氏（国立教育政策研究所教育課程調査官，当時）資料と国立教育政策研究所教育課程研究指定校及び子どもの体力向上指導者養成研修等への講師用説明資料（佐藤豊教育課程調査官作成）をもとに引用・加筆したものである。

〈参考文献〉
1）成田十次郎ほか編著『体育科教育学』ミネルヴァ書房，1987年
2）国立教育政策研究所教育課程研究センター『評価規準の作成，評価方法の工夫改善のための参考資料（小学校）』2002年2月
3）中央教育審議会『幼稚園，小学校，中学校，高等学校及び特別支援学校の学習指導要領等の改善について（答申）』2008年1月17日

学習指導要領のキーポイント

1 「生きる力」と体育

 平成8年7月の中央教育審議会答申(「21世紀を展望した我が国の教育の在り方について」)は,「変化の激しい社会を担う子どもたちに必要な力は,基礎・基本を確実に身に付け,いかに社会が変化しようと,自ら課題を見つけ,自ら学び,自ら考え,主体的に判断し,行動し,よりよく問題を解決する資質や能力,自らを律しつつ,他人とともに協調し,他人を思いやる心や感動する心などの豊かな人間性,たくましく生きるための健康や体力などの〈生きる力〉である」と提言した。

 また,平成20年1月の中央教育審議会答申では,「社会で自律的に生きるために必要な力〈生きる力〉を支える確かな学力」を,①基礎的・基本的な知識・技能の習得,②思考力・判断力・表現力等の育成,③学習意欲の向上や学習習慣の確立,④豊かな心や健やかな体の育成等ととらえ,その重要性を指摘している。

 子ども達が,21世紀に力強く,自律的に生きていくためには,「体育」において「基礎的な技能・体力」を身につけ,向上させていくことは当然重要なことである。

 一人一人の子どもが,生活の中に運動を取り入れ,毎日が楽しく明るく充実し,自己実現の図れる生活を実現していきたいものである。

 今後,特に,技能差や体力差のあることを前提としながら,全員の子どもに「生きる力」を育むために,どんな力を体育でつけていったらよいのであろうか。

 最も重要な力の一つは,発達段階の差を考慮しつつ,「課題解決力」(学び方)を身につけることである。

 「個人差」(知識・技能等の習得度の差,体力差,運動経験の差,学習意欲や態度の差,興味・関心の差など)を認めた上で,「生きる力」を育むためには,①自分の今の力を知り,②それに応じた課題(めあて)を持ち,③自分の力や,友達や教師との関わりの中で,その課題を解決していく力を身につけていくことが必要となる。

 一生涯,子ども達が学校を卒業してからも運動を実践・継続していくことの出来る力を学校教育活動全体を通して,さらには,体育授業を中核とした授業の充実・改善を図りつつ,家庭や地域との連携を強化しながら,「生きる力」として育むことが重要であるといえよう。

 全員の子どもが「運動好き」になり,友達との望ましい関わりの中で運動に親しみ,実践・継続していく力を育むことが,学校・教師や家庭・地域により一層求められ,社会に自律的に生きるための必要な力につながっていこう。

学習指導要領のキーポイント

2 「基礎・基本」のとらえ方

　子ども一人一人に、「基礎・基本」を身につけさせ、これからの社会に「自律的」に生きていくことの出来る力を学校教育や家庭等で育むことが重要であるということは、誰もが思っていることであろう。

　学習指導要領（小学校）の改訂の経過を見ても、「基礎・基本」の重要性が提起されている。

　例えば、昭和43年の改訂では「人間形成における基礎的な能力の伸長を図り、国民育成の基礎を養う……」、昭和52年の改訂では「国民として必要とされる基礎的・基本的な内容を重視する……」とされ、平成元年も同様である。平成10年の改訂では「基礎・基本の確実な定着を図り、個性を生かす教育の充実を図る……」となっている。

　平成20年3月改訂の中にも、「〈生きる力〉を支える確かな学力」として、「基礎的・基本的な知識・技能の習得」が提起されている。

　ここで重要なことは、その「基礎・基本」のとらえ方、考え方である。

　「何のため」の「基礎・基本」なのか。入学試験に合格するための「基礎・基本」か。オリンピック大会で金メダルをとるための「基礎・基本」なのか。一生涯、学び続け、生涯、生活の中でスポーツを実践・継続していくための「基礎・基本」なのか等、目的によってその意味や価値も異なる。

　ここでは、二つの「基礎・基本」のとらえ方・考え方を述べる。

　一つは、全員の子どもに同じ内容を身につけさせ、同じ到達基準まで達したら「基礎・基本」が身についたという考え方である。それは、「基礎・基本」を内容面から固定的にとらえた考え方である。

　例えば、全員の子どもが「5段の縦の開脚跳びが出来た」、「100mを16秒で走ることが出来た」等、到達基準が達成出来た時、「基礎・基本」が身についたと考える。

　二つ目は、全員の子どもの身につけている「基礎・基本」は異なるという考え方である。子どもの今持っている力から出発し、その力が次へのステップのバネ・原動力になり、課題を次々と解決していく力が「基礎・基本」のとらえ方である。それは、方法面から流動的に「基礎・基本」をとらえている。

　例えば、「5段の縦の開脚跳びが出来た」子どもは、横の「かかえ込み跳び」を課題にしたり、「4段の縦の台上前転」を課題にしたりする。自分の能力に合った課題を創意・工夫、努力により解決していくものである。両者のとらえ方、考え方を連携させ、体育の授業改善を図ることが重要となる。

学習指導要領のキーポイント

3 「習得学習」と「探究学習」

「生きる力」を育むためには,「基礎的・基本的な知識・技能の習得」を図る「習得型の学習」と,「思考力・判断力・表現力等の育成」を図る「探究型の学習」が重要となろう。

これら二つの型の学習は,それぞれ別々に分かれて行われる学習ではなく,「確かな学力」を育成するためには,双方が重要であり,これらのバランスを重視する必要がある。

問題は,「習得」のさせ方であり,「探究」のさせ方である。

昭和52年の学習指導要領の改訂から「楽しい体育」という言葉が多く使われるようになった。運動に親しませ,「運動の楽しさ」を全員の子どもに味わわせ,深め,発展させようとする「楽しい体育」の学習指導の考え方は,「生涯スポーツ」の基礎教育としての学校体育を考える時,意味・価値のある考え方といえよう。

しかし一方,平成20年3月の学習指導要領においては,「発達段階に応じた指導内容の明確化・体系化」を図っている。

つまり,運動の特性(楽しさ・魅力を味わわせる)を大切にしながら,一層,指導内容の明確化を図り,「習得型の学習」を重視し,「技能・体力」を重視した「体育の学力」(全員の子どもに最低限身につけさせるべき内容は何か)に注目しているといっても過言ではないであろう。

昭和30年代の「運動技術の系統性」を重視し,昭和40年代の「体力つくり」重視の体育の学習指導に逆戻りしては問題である。「運動技能」や「体力」の重要性を否定する者はいないであろう。今,大切なことは,「生涯スポーツ」としての学校体育において,生活の中に運動を取り入れ,生活の一部として運動を実践・継続していく資質や能力等をいかに子ども一人一人に育んでいくかである。

そのためには,一人一人の子どもに「自分の今もっている力」を理解させ,その力に応じた「適切な課題」を持たせ,創意・工夫,努力のもと,自発的,自主的に「解決」していく力を身につけさせることが重要となる。

「探究型の学習」(課題解決型学習)を前提に置き,その結果として「技能・体力」等が「習得」されるというとらえ方である。もちろん,教師が教えるべきことはしっかり教えるのは当然である。「安全面」「技術の系統性・ポイント」「学び方」等は,発達段階に応じてきちんと指導すべきである。

限られた授業時間内で「自発性」「意欲」を大切にし,いかに「指導性」を発揮し「習得」させるかは,生涯スポーツを目指した体育の鍵を握る。

4 「運動技術」の系統性

平成20年3月の小学校学習指導要領における「小学校体育科改訂の要点」の一つに、「指導内容の確実な定着を図る観点から、運動の系統性を図るとともに……」が挙げられている。

これは、基礎的な身体能力を身に付け、運動を豊かに実践していくための基礎を培う観点から、発達の段階に応じた指導内容の明確化・体系化を図り、「運動の系統性を図る」ことへとつながっているといえよう。

特に「基本の運動」については、高学年への系統性が見えにくく、わかりにくいものとなっていたことから変更され、今までの「内容」として示していたものを「領域」として示すこととした。

例えば、「器械運動」は今まで「内容の取扱い」で「原則として第4学年で指導する」としていたが、発達の段階を考慮し、第3学年から示すこととした。

また、「水泳」は今まで「内容の取扱い」で「原則として第4学年で指導する」としていたが、発達の段階を考慮し、第5学年から示すこととした。

さらに、「ボール運動系」における中学年の「ゲーム」の内容は、今まで「バスケットボール型ゲーム」、「サッカー型ゲーム」及び「ベースボール型ゲーム」で構成していたが、種目固有の技能ではなく、攻守の特徴（類似性・異質性）や「型」に共通する動きや技能を系統的に身に付けるという視点から種目を整理し「ゴール型ゲーム」、「ネット型ゲーム」及び「ベースボール型ゲーム」で構成している。

高学年の「ボール運動」の内容は、今まで「バスケットボール」、「サッカー」及び「ソフトボール又はソフトバレーボール」で構成していたが、中学年と同様の視点から「ゴール型」、「ネット型」及び「ベースボール型」で構成してある。

以上、「運動技術の系統性」の重視の視点から主だった変更点を挙げたが、今後の体育の学習指導を行う上での留意すべき点を述べる。上からの系統性だけでなく、下からの「運動技術の系統性」にも配慮することである。

教師は当然、技術の系統性やポイントを安全面からも技能向上の面からも押さえておくべきである。重要な点は「今の子ども一人一人の技能」の実態を把握し、個々の能力に応じて、下から上に向けた「系統性」に配慮する必要があるということである。

個々の能力に応じた課題設定をさせ、課題解決学習（探究学習）のプロセスを重視する中で、系統性を考慮した技能向上を図っていくことが今後の体育の学習指導で強く求められよう。

学習指導要領のキーポイント

5 低・中学年の「体つくり運動」

小学校体育科の目標は，「運動に親しむ資質や能力の基礎を育て」，「健康の保持増進」，「体力の向上」を図り，「楽しく明るい生活を営む態度を育てる」ことと示されている。

現在，運動する子どもとそうでない子どもの二極化傾向や，子どもの体力低下傾向が依然深刻な問題となっている現状から，一層の体力向上の重視が叫ばれ，「体つくり運動」が第1学年から第6学年のすべての学年で指導されることになった。

今までは，第5・6学年においてのみ「体つくり運動」領域があったが，低学年からの導入である。体育の年間授業時数の増加（第1学年12時間，第2～4学年は15時間増加）とも当然関連があるものと思われる。

低・中学年の「体つくり運動」は次のようになっている。

低学年の内容は，「体ほぐしの運動」及び「多様な動きをつくる運動遊び」で構成し，「2学年にわたって指導する」ことを「内容の取扱い」に示している。中学年の内容は，「体ほぐしの運動」及び「多様な動きをつくる運動」で構成し，「2学年にわたって指導する」ことを「内容の取扱い」にやはり示している。

他の領域と比べてみると，「体つくり運動」領域以外の低学年，中学年及び高学年のすべての指導内容については，2学年のいずれかの学年で取り上げて指導することもできることから，いかに「体つくり運動」領域が重視され，「体力向上」が重視されているかがわかる。

低・中学年における「多様な動きをつくる運動（遊び）」の内容には，「体のバランス」，「体の移動」，「用具操作」，「力試し」，「基本的な動きの組み合わせ」等がある。

特に，学習指導を行う上で留意すべき主な点は以下の点といえよう。

低・中学年の発達段階を踏まえると自分の体力についての関心や問題意識は低い。多様な動きつくりを心がけ，動きの多様化，動きの開発に重点をおき，楽しく夢中で運動遊びをする中で自然に結果として体力向上が図られることが望ましい。

教師の一方的な押しつける指導ではなく，子どもが運動に進んで取り組み，簡単な運動の行い方を工夫しながら課題解決を図り，日常生活の中の重要な一部として運動が取り入れられることが「体力向上」につながってこよう。

個に応じ，運動の楽しさや基本となる体の動きを身につけることが低・中学年の「体つくり運動」では重要になる。「体つくり運動」の指導により「体育・運動嫌い」にしてはならない。

学習指導要領のキーポイント

6 「○○型ゲーム」の取り上げ方

　平成20年3月の学習指導要領改訂における「ボール運動系」では、低学年の「ゲーム」の内容は従前どおりである。中学年では、今まで「バスケットボール型ゲーム」、「サッカー型ゲーム」及び「ベースボール型ゲーム」で構成していたが、種目固有の技能ではなく、攻守の特徴（類似性・異質性）や「型」に共通する動きや技能を系統的に身に付けるという視点から種目を整理し「ゴール型ゲーム」、「ネット型ゲーム」及び「ベースボール型ゲーム」で構成している。高学年の「ボール運動」の内容は、今まで「バスケットボール」、「サッカー」及び「ソフトボール又はソフトバレーボール」で構成していたが、中学年と同様の視点から「ゴール型」、「ネット型」及び「ベースボール型」で構成している。

　「ゴール型」は、コート内で攻守が入り交じり、手や足などを使って攻防を組み立て、一定時間内に得点を競い合うこと、「ネット型」は、ネットで区切られたコートの中で攻防を組み立て、一定の得点に早く達することを競い合うこと、「ベースボール型」は、攻守を規則的に交代し合い、一定の回数内で得点を競い合うことを課題としたゲームである。

　なお、この「○○型ゲーム」における技能は、「ボール操作」及び「ボールを持たない時の動き」で構成している。「ボール操作」は、シュート・パス・キープ（ゴール型）、サービス・パス・返球（ネット型）、打球・捕球・送球（ベースボール型）など、攻防のためにボールを制御する技能である。

　「ボールを持たない時の動き」は、空間・ボールの落下点・目標（区域や塁など）に走り込む、味方をサポートする、相手のプレーヤーをマークするなど、ボール操作に至るための動きや守備にかかわる動きに関する技能である。

　「○○型ゲーム」を取り上げる際の「ボールを持たない時の動き」の指導における留意点は次のようになる。

　ボールゲームでは、「どのように作戦を立てたら相手チームに勝つことができるか」がチームの課題となる。チームごとの課題解決のための練習の工夫などが重要な学習になり、それをゲームにどう生かすかが勝利につながる。

　しかし、チームの課題が異なる場合に、もし、教師が全チームに同じ課題を与えたとしたら自発的・自主的な学習にはほど遠くなる。動きを教えることは重要であるが、学習過程の中で、いつ、どこで、どのように一斉的に教えるかが「○○型ゲーム」の指導の重要なポイントとなろう。

《立木　正》

体育科の授業実践

I章　体つくり運動

a　基本的学習指導の進め方

① 体つくり運動の特性

　体つくり運動は，自分の体に関心をもって，いろいろな運動を行う中で体の調子を整えたり，体力を高めたりする運動である。これまでは，高学年のみで取り扱う運動であったが，平成20年に改訂された学習指導要領では，1年生から取り扱うことになった。この体つくり運動には，「多様な動きをつくる運動（遊び）」「体ほぐしの運動」「体力を高める運動」がある。

〈領域構成と内容〉

1・2年生	3・4年生	5・6年生
体 ほ ぐ し の 運 動		
多様な動きをつくる運動遊び	多様な動きをつくる運動	体力を高める運動

② 学習のねらい

　学習のねらいは，まず自分の心身と体力の現状がわかり，心身の状況をよりよくする運動を経験し，運動することの心地よさを感じることにある。次のねらいは，自分に必要な運動の基礎的・基本的な内容を学習することにおかれる。

③ 学習の道筋

　体つくり運動の一般的学習の道筋は次のようになる。

〈学習経験の少ないケースの道筋〉

簡単にできそうないろいろな運動を経験する		自分にあった運動を選んで十分に楽しむ

〈学習が進んだ段階の道筋〉

自分にあった簡単な運動を試してみる	自分にあった運動をいろいろ工夫しながら楽しむ

④ 単元の構成

　体つくり運動は，その取り扱い方により，6〜8時間程度の時数で，その運動の特性を十分味わう「学習単元」，3時間程度の時数でその運動を経験することをねらいとした「経験単元」，ボール運動や表現運動などの主単元の各時間の始めや終わりに10分〜15分程度行う「組み合わせ単元」という3つのパターンの単元構成が考えられる。子どもの状況や施設・設備の状況，年間計画の問題等様々な要素を検討し，子どもがよりねらいに迫ることができるように単元を構成する。

(1) 多様な動きをつくる運動遊び（1年生の授業例）

① 運動の特性

　多様な動きをつくる運動遊びは，体のバランスをとったり移動をしたりする動きや，用具を操作したり力試しをしたりする動きを意図的に育む運動遊びを通して，体の基本的な動きを総合的に身につける運動遊びである。

② 学習のねらい

　○ 姿勢や方向を変えたりバランスをとったり，速さ，リズム，方向などを変えたりする様々な運動遊びを通して体の基本的な動きを身につけることができる。

　○ 用具をつかむ，持つ，くぐるなどの様々な動きで構成される運動遊びを通して，用具を操作する動きを身につけることができる。

　○ ひとを押す，引く，運ぶ，支えるなどしたり，力比べをしたりするなどの動きで構成される運動遊びを通して，力試しの動きを身につけることができるようにする。

③ 学習の道筋

学習の道筋には，次の二つのパターンが考えられる。

○ 一つ一つの運動遊びを独立して捉える場合

〔ねらい１〕……いろいろな運動をみんなと試して楽しむ。

〔ねらい２〕……自分でやってみたい運動を選んで，仲間と仲良く運動を楽しむ。

○ いくつかの運動遊びを組み合わせて行う場合（チャレンジランド遊び）

〔ねらい１〕……みんなで仲良くチャレンジランドで遊ぼう

〔ねらい２〕……もっと楽しいチャレンジランドをつくって遊ぼう。

④ 運動の例

〈体のバランスを取る運動遊び〉

○ 姿勢や方向を変える運動遊び

・体でジャンケン

「ジャンケン」で片足でまわってから大きな動きでジャンケンをする。回り方やジャンケンのポーズを工夫することもできる。

・ケンケン渡り

円や足形などの目印でコースをつくり，リズミカルにコースを移動する。

○ バランスを保つ運動遊び

・バランスボール遊び

バランスボールを使い，１人，２人……で様々なバランス遊びをする。

・バランス名人

かかしのポーズなどをとり，できるだけ長く動かないようにする。２人組，３人組などでのポーズを工夫すると楽しい。

〈体を移動する運動遊び〉

○ いろいろな動きで構成される運動遊び

・動物リレー

いろいろな動物になって折り返しリレーをする。

(1) 多様な動きをつくる運動遊び

　　うさぎ…………両足で床をけり，両手で着地して進む。
　　ライオン………左手と右足，右手と左足を動かし歩くように進む。
　　とかげ…………腹ばいになり，手足を床に付けたまま進む。
　　カンガルー……両足でジャンプしながら進む。　　　など
○　一定の速さでのかけ足
　・カウントかけ足
　　　10カウントに合わせ，チェックポイントを通過するかけ足。ペースを保ちやすいので，いろいろなテンポで走ると楽しい。
　・音楽かけ足
　　　子どもの好きな歌１曲が終わるまで走る。子どもの好きな曲であれば，時間の見通しをもつことができ，３分程度走ることができる。

〈用具を操作する運動遊び〉
○　用具をつかんだり，転がしたりする運動遊び
　・ボールとお友達
　　　いろいろなボールを使い，体の周りを回したり，ドリブルしたりするなどの操作を工夫する遊び。
　　　フラフープをいろいろ回して遊ぶ。２人で転がしキャッチボールをするなどの工夫をすると楽しい。
○　用具をくぐる運動遊び
　・大縄跳び
　　　「大波・小波」や大波くぐりを１人，２人，……と人数を変えると楽しい。
　・フラフープくぐり
　　　１人でくぐる。転がっているフラフープをくぐる。２人でくぐる。など工夫すると楽しい。
○　用具を運ぶ運動遊び
　・ボール運び
　　　ボールの持ち方を工夫してボールを運ぶ。ボールの種類や人数，遊び

方を工夫すると楽しい。
- ・ブロック運び
    ブロックを積み重ねたり背中で持ったりして運ぶ。ブロックの数や運ぶ人数，遊び方を工夫すると楽しい。
○ 用具を投げたり捕ったりする運動遊び
- ・キャッチボール遊び
    いろいろなボールを使って一人でボールを投げ，それをキャッチしたり，人数を増やしたりして，いろいろな投げ方や取り方を工夫して遊ぶ。
- ・バケツキャッチ遊び
    一人がボールを投げ，もう一人がバケツでキャッチする。風船やソフトバレーボールなどボールを工夫すると楽しい。
○ 用具を跳ぶ運動遊び
- ・段ボールジャンプ
    段ボールを両足や片足で跳ぶ遊び。コースをつくったり，段ボールを重ねたりすると楽しい。
- ・飛び石ジャンプ
    ウレタンブロックやウレタン跳び箱などを間隔を開けて配置し，そこを次々跳び移っていく遊び。
○ 用具に乗る運動遊び
- ・竹馬遊び
    空き缶などを利用した乗りやすい竹馬などを用意し，竹馬遊びをする。竹馬を工夫したり，遊び方を工夫すると楽しい。
- ・空き缶ぽっくり遊び
    空き缶にひもを通し，缶の上に乗って歩く遊び。遊び方を工夫すると楽しい。

〈力試しの運動遊び〉
○ ひとを押したり引いたりする力試し遊び
- ・押し出し相撲

　　　　２人で押したり引いたりしてバスケットボールのセンターサークル等から外に出す遊び。
　・生き残りゲーム
　　　　人数に合わせた大きさのサークル等の中からひとを押しだし，最後に生き残った人の勝ち。押し出された人は，外から引き出すこともできるなどの工夫をするとおもしろい。
○ 人を運ぶ，支える運動遊び
　・大根抜き遊び
　　　　腕を組みオニに引き抜かれないようにする。引き抜かれた人はオニになるなどの工夫をすると楽しい。
　・ポーズだるまさんが転んだ
　　　　腕でからだを支える姿勢（ポーズ）を工夫し，オニが「だるまさんが転んだ」という間にポーズを変える。オニに動いているところや，ぐらぐらしたところを見られるとアウト。
⑤　指導上の留意点
授業の構想や指導に当たっては，次の点に留意することが必要になる。
○ 安全には十分留意する。特に，力試しの運動遊びや用具を跳ぶ運動遊び，用具に乗る遊びなどは，バランスを崩し転ぶことが予想されるので，子どもの実態の把握やマットを敷くなどの配慮が必要になる。
○ 遊びそのものが子どもにとってワクワクするようなものなるよう工夫することはもちろんだが，子どもが楽しんでいる間はたっぷり遊びに浸らせ，飽和の段階をしっかり見極めてから運動の仕方や遊び方，人数や用具等の工夫をする。
○ チャレンジランドづくりにあたっては，コースをつくって順番にコースを進んでいく方法や自分で遊びたい場所から自由にコースをまわる方法もある。子どものニーズに合わせ，より子どもがねらいに向かうことができる方法を考える必要がある。

| I章　体つくり運動

（2）体ほぐしの運動

① 運動の特性

　体ほぐしの運動は，手軽な運動や自立的な運動を行い，体を動かす楽しさや心地よさを味わうことにより，自分の体の状態に気づき，体の調子を整えたり，仲間と豊かに交流したりする運動である。

② 学習のねらい

　○ 手軽でリズミカルないろいろな運動経験を通して自分や仲間の心身の状態に気づくことができる。

　○ 日常生活での身のこなしや体調を整えることができるようにする。

　○ 仲間と豊かにかかわる楽しさを共有し，互いのよさを認め合うことができる。

③ 学習の道筋

　〔ねらい１〕……いろいろな運動をみんなと試して楽しむ。

　〔ねらい２〕……自分や仲間でやってみたい運動を選んでいろいろ工夫して楽しむ。

　　　めあて１……自分でやってみたい運動を選んで楽しむ。

　　　めあて２……いろいろな仲間と運動を工夫して楽しむ。

　〔ねらい３〕……いろいろ工夫した運動を多くの仲間にひろげて楽しむ。

1　　2	3　　4　　5	6　　7
〈ねらい１〉	〈ねらい２〉	〈ねらい３〉
	めあて１	
	めあて２	

④ 指導上の留意点

　〔ねらい１〕の導入にあたって，教師は子どもの実態に即し，リラックスして全員で楽しめそうな運動をいくつか紹介し試みる。ここでは，教師主導による一斉指導の場合もある。常に子どもの反応を確かめながら実施することが大

〔ねらい2〕ではスパイラル型で実施するが，めあて1で十分に楽しんでからめあて2に入る。場合によっては，めあて1の活動で終わることがあってもよいことにする。工夫することに重点を置きすぎることによって，活動が停滞することのないような配慮が大切である。

〔ねらい3〕では教師から教わった運動や自分たちが工夫した運動を多くの友達に広めるなど，積極的に交流できる雰囲気をつくっていく。

(3) 体力を高める運動

① 運動の特性

体力を高める運動は，ねらいに応じて，体の柔らかさ及び巧みな動きを高めるための運動，力強い動き及び動きを持続する能力を高めるための運動である。

② 学習のねらい

体力の必要性や体力を高めるための運動の行い方を理解し，自己の体力に応じて体力つくりが実践できるようにする。

③ 学習の道筋

〔ねらい1〕……いろいろな運動の仕方を試し，自分の力を知る
〔ねらい2〕……自分の力を高める方法を知る

1　　2　　3　　4	5　　6　　7
ねらい1	ねらい2
いろいろな運動の仕方を試し，自分の力を知る	自分の力を高める方法を知る

――〈めあて1の例〉――
A君……力強さ運動コースで力強さと持続力を高める。
B君……巧みな動きコースでいろいろな運動に挑戦する。

――〈めあて2の例〉――
A君……力強さコースで自分の運動メニューを考えて取り組む。
B君……巧みな動きコースで自分の運動メニューを考えて取り組む。

I章 体つくり運動

④ 指導上の留意点

　はじめに,自分の体力の状況を把握するために診断テストや全国体力状況調査の結果等を利用する。その診断に基づき,自己の体力を見つめ,必要感を持って運動に取り組むことができるよう配慮することが必要になる。

　〔ねらい1〕において一人でできる運動と仲間と協力しなければできない運動があることを知らせる。また,固定施設や器具を使う運動の場合は安全面を徹底して指導する。できるだけ多くの運動を実践できるようにする。多くの運動の中から自分に足りない力はどのようなものかを自覚できるようにさせる。

　〔ねらい2〕では,自分の力を高めるためにはどのような運動を継続する必要があるかを学習させる。そして,運動を継続するための計画を考え,実行させる。この立案と実行の経験は,他の単元や日常生活でも用いることができるので,次に行う単元で意図的に組み合わせ単元として扱い,学習を定着させるなどの工夫が必要になる。

《楢山　聡》

〈参考文献〉
1) 文部省「学校体育実技指導資料 第7集」2000

II章　器械運動

a　器械運動の基本的学習指導の進め方

① 器械運動の特性と学習のねらい

　器械運動は自己の能力に応じた各種の技に挑戦し，その技ができるようになったり，より上手にできるようになったりするところに楽しさや喜びがあり，またフォームの美しさなどを競うこともできる。各種の技は跳び箱やマットや鉄棒という用具から構成されている空間で行われる。そのため初めてこの運動に挑戦する時などには，これらの用具からなる空間は物理的障害と感じる児童もいる。

　また，新しい技に挑戦する時などにも，今までとは異なる運動空間の状況に対して新たな恐怖心を自覚することもあるが，指導でこのようなことのないように配慮することにより，技への挑戦とそのよりよい達成がこの運動の学習の主なねらいになる。また，それ以外に，どの児童も自己の能力にあった課題をもち，それを達成できる見通し（道筋）をもてるようになること，また，個人種目のため単独学習になりやすいので，生活グループや各練習の場ごとの豊かな集団的学習活動を経験することも含まれる。

② 器械運動の道筋

　学習過程はスパイラル型である。基本的な単元の流れは次のようになる。

分　時	1	2時間 ･････････････････････････････････････ n時間	
10分 20分 30分 40分	は じ め	めあて1：今できる技を今できる条件で楽しむ。	まとめ
		めあて2：できそうでやってみたい技に挑戦。	

③ 指導上の工夫，留意点

〔はじめの時間〕

① 学習のねらいと学習の道筋を理解し，学習の進め方について全体的見通しをもてるように指導する。スパイラル型の学習を他の単元で経験している場合には，はじめの時間は10分くらいでも十分である。

　この授業では，自分の力に見合った技に挑戦できることを知らせる。今できる技やこれからやってみたい技を調べ，資料などから無理のない挑戦レベルの技を選択する方法などを指導する。資料の内容には器械運動の技の体系（技のファミリー）とこの体系による練習方法やできばえの基準などが必要となる。

　めあて1では，決められたグループ（生活グループ）で自分の今できる技やそれらを組み合わせた技などで十分運動を楽しむことを伝える。めあて2では生活グループから離れ，新しい技やより上手になりたい技に挑戦できる工夫した練習の場でその場にいる友達と助け合いながら学習すること，練習の場でできるようになったら，普通の条件下で挑戦することを理解させる。

　それぞれの学習の場で見合ったり，教え合ったり，補助し合ったりして学習することの重要性を理解させる。

② グルーピングと役割分担……用具の出し入れなどの学習環境の設定を分担するなど，協力してできるようグルーピングと役割を決める。

〔なかの「めあて1」の時間〕

① めあて1の意味をよく理解し，自分のできる技で運動しているかをよく観察し，必要があれば助言する。主な観察，助言内容は次のようになる。

　・一人一人が自分の今の力にあっためあてを選んで学習しているか。生活グループで行うため，友達が行う高度な技に挑戦することも見られるので，危険防止の意味でも十分な観察と指導が必要である。

　・はじめはやさしい技で体を慣らし，次第に得意な技や組み合わせた技へ進むという流れを守っているか。

　・友だちと協力しながら，安全に気を配りながら学習が進められているか。

② この時間に各児童の技の達成度をよく観察し，めあて2の学習内容や学習

方法の選択を指導するときに活用できるようにする。
③　めあて1が十分に行われたら，めあて2へ進むことを指示する。この際まだめあて1の運動を継続したい児童がいたら，認めることも必要である。

〔なかの「めあて2」の時間〕
①　各児童のめあて2の学習内容を認識する。その際，今できる技とこれから挑戦する技との間の系統上の関連や，挑戦レベルとレディネスとの関連などに留意し，指導することが大切となる。無理なめあての設定は危険であり，また学習が徒労に終わることになりかねないので，要注意である。
②　各児童のめあて2の学習内容を確認し，めあての達成に必要なやさしく工夫した場の設定を指示する。
③　各児童の運動をよく観察し，挑戦した技が学習困難と判断した場合は，めあてを変えるなり，練習方法を工夫するなりするよう指導する。特に，練習方法が間違っている場合や同じ過ちを繰り返している場合には，積極的にアドバイスや補助などの指導をする。
④　めあて2では，同じ練習の場でめあての異なる児童が一緒に学習することが多く，学習が単独になりやすい。そのため，お互いのめあてを確認し，アドバイスをし合ったり，補助をし合ったりするなど，積極的に協力し合いながら学習できるように指導する。
⑤　教科書，壁資料，プリント類などの学習資料や視聴覚教材を有効に使用して学習しているかを見極め，必要があればこれらの資料の利用方法を指導する。
⑥　学習の進行に伴い，特定の工夫した場に児童が集中することがある。このようなときには臨機応変に場の作り替えを指導する。
⑦　各時間の終わりにはその日の学習について，短くても自己評価できる時間を取る。また，学習の進め方やマナー（いやだったことやうまく協力できなかったことなど）について必要に応じて全員で話し合う時間も必要である。この日の活動全般の観察とこの時間の反省内容などから，めあての達成に苦労していた児童や学習が停滞していた児童，また場の工夫などの問題点を把握

し，次時の各児童の指導に生かせるようにする。

〔まとめの時間の指導上の工夫，留意点〕
① 毎時間の自己評価などを記録した学習カードをもとに，学習の進歩の状況，工夫できたこと，楽しかったことなどをまとめる。
② 器械運動を行うときの注意事項（安全やマナーなど）を再確認し，普段の生活の中に器械運動を取り入れるよう話し合う。

*

③ 器械運動には，いろいろな楽しみ方がある。そこで，子どもがどのようなめあてをもっているのかを十分把握し，子どもの思いに寄り添った指導方法を検討する必要がある。
④ 子どもの自主性を尊重することをはき違え，放任状態になることは避ける必要がある。そのために教師は，子どもの学習を十分把握し，授業前，授業中，授業後に十分指導をすることが大切である。
⑤ 子どものめあての達成に向けては，これまでの学習経験や子どもの発達等を考慮することと，スモールステップによる系統的な指導方法等を活用し，めあてを達成し特性に触れる楽しさを十分味わわせることが必要になる。
⑥ 一般的に，器械運動は他の運動に比べ苦手な子どもが多い。教師は，子どもに苦手意識をもたせないよう，学習者である子どもが自分たちに合った学習を展開できるよう指導方法の工夫改善をする必要がある。

(4) マット運動

① 運動の特性

マット運動はマットの上で回転したり，転回したり，倒立，ジャンプ，静止（バランス）などの技ができるようになったり，技のできばえを高めたりすることを楽しむ運動である。また，いろいろな技を組み合わせたり，同じ技を連続したりしても楽しい運動である。さらに，技のできばえを点数化し得点を競い合うことも楽しい運動である。

(4) マット運動

② 学習のねらい

自分の能力に合っためあてをもち，技のできばえを高めたり，できそうな技に挑戦したりすることを楽しむ。

③ 学習の道筋

〔めあて1〕…平らに置いたマットの上で，今できる技のできばえを高めたり，組み合わせたり連続させたりする。

〔めあて2〕…工夫した練習の場でできそうな技や技の組み合わせに挑戦する。

④ 学習と指導の展開（3年生　6時間扱い）

はじめ	1．学習のねらいと道筋を理解し，学習の進め方を知る。 2．学習や安全上の約束を確認する。 3．グルーピングと役割分担をする。	
	学習のねらいと活動	指　　導
なか（6時間）	─めあて1の例─ A君：前転と後転を連続させ，スムーズに回る。 B君：前転，後転，開脚前転など今できる技の組み合わせを工夫して回る。 ・役割分担に従い協力してマットを準備する。 ・グループ内でめあての確認をする。 ・グループ内で見合ったり，教え合ったりする。	〈指導助言のポイント〉 ・自分に合っためあてか ・意欲的に取り組んでいるか ・約束を守り安全に学習しているか ・仲間と協力しながら取り組んでいるか 〈教師の働きかけ〉 ・グループ内での教え合いを促す。 ・補助の仕方等を観察し，安全に取り組むよう促す。 ・めあて2へ移るタイミングを図る。
	─めあて2の例─ A君：開脚前転に挑戦する。 　　　（落差や傾斜を利用する） B君：側方倒立回転に挑戦する。 　　　（跳び箱などを利用する）	〈指導助言のポイント〉 ・自分にあっためあてか ・場や練習方法の工夫は適切か ・安全に行うことができる場の設定か

	・グループごとに，役割分担に従って活動に合った場を設定する。 ・学習資料を参考に自分のめあてに合った場所で，できそうな回り方に挑戦する。 ・学習の約束を守り，安全に気をつけて練習をする。 ・仲間と見合ったり，教え合ったりしながら学習を進める。 ・工夫した場で回れるようになったら，平らなマットで挑戦する。	〈教師の働きかけ〉 ・場の設定や作り替えのアドバイス ・資料の活用の仕方や補足説明 ・安全な練習になるよう練習内容や周囲の状況をチェックし，必要に応じて指導する。 ・自己評価，相互評価を促す。評価の基準を明確化する資料を用意する。
まとめ	1．話し合いをし，単元のまとめをする。 ・工夫したこと，楽しかったこと ・友達と協力したこと，教え合ったこと　など	

⑤　指導上の留意点

○　めあて1の学習とめあて2の学習の違いを明確にする。

○　めあて1からめあて2へ移るタイミングについては，学習の仕方が身に付いているかどうかで変わってくる。

　〈学習の仕方が身に付いていない場合〉

　　　教師が見極め，ある時間で全体をめあて2の学習に向かわせる。

　　　学習内容や学習の進み方に違いがあるので，めあて1の活動に満足して移る子どもと，満足できない子どもがいる。

　〈学習の仕方が身に付いている場合〉

　　　めあて1からめあて2に移るタイミングを学習状況に合わせてグループや個人が決める。

　　　めあて2へ移るタイミングがグループや個人に合っているので，めあて1の活動に満足してめあて2へ移ることができる。

○　めあて2では，技のファミリーと系統がわかる資料を用意し，自分に合

った技に挑戦するようにする。また，視聴覚教材などの利用も指導する。
○ めあて1のはじめは，やさしい技で体を慣らし，徐々に得意な技や連続，組み合わせ技へ進むようにする。また，子どもがめあて1に意欲的に取り組むことができるよう，よりマット運動の特性に触れるようなめあて1の学習構想を工夫する。
○ めあてに向かい活動を始めたが，自分に合っていないと判断したときは，めあてを変えてもかまわない。
○ 各時間の終わりには，生徒が自己評価できる時間を設ける。また，全体で話し合うことが必要な場合は，全体を集めルールやマナーの確認をする。
○ 教師は，子ども一人一人の学習状況の観察と振り返りカード等から学習がうまく進んでいる子ども，停滞気味な子ども，資料を上手に活用していない子どもなど，子どものつまずきを把握し，次の時間の指導計画を立てる。
○ 教師は，グループや個人が困っている場合は，積極的に働きかける。
○ 3年生では，学習の仕方を身に付けさせることが重要である。特に，自分に合っためあての持ち方やめあての追求の仕方，運動の楽しみ方についての学習が大切である。また，教師も子どものめあてを把握し，子ども一人一人の学習を支える方法を身に付ける必要がある。

(5) 跳び箱運動

① 跳び箱運動の運動特性

　跳び箱運動は跳び箱を利用した空間をいろいろな跳び越し方で，跳び越えることが楽しい運動である。また，跳び箱を人為的障害と感じ，高さや，踏み切り板との距離などに挑戦することに楽しみを求める子どももいる。さらに，跳び越し方を点数化し，得点を競い合うことも楽しい運動である。

② 学習のねらい

　自分に合った跳び越し方でダイナミックに美しく跳び越したり，できそうな跳び越し方に挑戦したりして楽しむ。

Ⅱ章　器械運動

③　学習の道筋

〔めあて1〕……今できる跳び越し方で，その跳び方に合った高さや方向の跳び箱で，跳び越すことを楽しんだり，美しく跳び越したりして楽しむ。

〔めあて2〕……できそうな跳び方を選び，その跳び方に合った練習の仕方を工夫し，その跳び方に挑戦する。

④　学習と指導の展開（6年生　6時間扱い）

はじめ	1．学習のねらいと道筋を理解し，学習の進め方を知る。 2．学習や安全上の約束を確認する。 3．グルーピングと役割分担をする。	
	学習のねらいと活動	指　　　導
なか（6時間）	─めあて1の例─ 　A君：5段縦の跳び箱で開脚跳びで確実に跳び越す。 　　　　4段横の跳び箱でかかえこみ跳びで確実に跳び越す。 　B君：5段縦の跳び箱で首はね跳びを大きく跳び越す。 ・役割分担に従い協力して跳び箱を準備する。 ・グループ内でめあての確認をする。（どんな跳び方で，どの様に跳び越したいのか） ・回転系の技などではセーフティーマットを利用するなど，安全に気をつけて学習をすすめる。 ・グループ内で見合ったり，教え合ったりする。	〈指導助言のポイント〉 ・自分に合っためあてか ・意欲的に取り組んでいるか ・約束を守り安全に学習しているか ・仲間と協力しながら取り組んでいるか 〈教師の働きかけ〉 ・グループ内での教え合いを促す。 ・場の設定，補助の仕方等を観察し，安全に気をつけて取り組むよう促す。 ・めあて2へ移るタイミングは，グループで決めるよう促す。

(5) 跳び箱運動

┌ めあて2の例 ┐ 　A君：4段横の跳び箱で横跳びに 　　　挑戦する。 　B君：5段縦の跳び箱で頭はね跳 　　　びに挑戦する。 ・グループごとに，役割分担に従って活動に合った場を設定する。 ・学習資料を参考に自分のめあてに合った場所で，できそうな跳び越し方に挑戦する。 ・学習の約束を守り，安全に気をつけて練習をする。 ・仲間と見合ったり，教え合ったりしながら学習を進める。 ・セーフティーマットを利用したり，補助をしたりするなど安全に練習できるように工夫する。	〈指導助言のポイント〉 ・自分に合っためあてか ・場や練習方法の工夫は適切か ・安全に行うことができる場の設定や周りの状況か 〈教師の働きかけ〉 ・場の設定や作り替えのアドバイスをする。 ・資料の活用の仕方や補足説明 ・安全な練習になるよう練習内容や周囲の状況をチェックし，必要に応じて指導する。 ・特に回転系の技に取り組むときは，無理な練習をさせないことや補助の仕方を十分指導する。 ・自己評価，相互評価を促す。評価の基準を明確化する資料を用意する。
まとめ	1．話し合いをし，単元のまとめをする。 　・工夫したこと，楽しかったこと 　・友だちと協力したこと，教え合ったこと　など

⑤　指導上の留意点

○　めあて1の学習では，どのような跳び方でどのように楽しみたいのかを明らかにし，グループ内での教え合いを促す。

○　めあて1のはじめは，やさしい技や段数で体を慣らし，徐々に得意な技や段数へ進むようにする。

○　めあて2では，技のファミリーと系統がわかる資料を用意し，自分に合った技に挑戦するようにする。また，視聴覚教材などの利用も指導する。

○　跳び箱は，マット運動に比べ，跳び越し方の種類が少なく，跳び越し方

も単発であるので，同じ技に取りくみ続けることが多い。その場合，意欲を低下させることが予想されるので，子どもがより特性に触れることができるよう授業を構想する。
○ めあてに向かい活動を始めたが，自分に合っていないと判断したときは，めあてを変えてもかまわない。
○ 補助の仕方を十分指導し，回転系の技では必ず補助をつけるよう指導する。
○ 6年生では，子どもが取り組んでいる技は多様である。教師は，子どもの活動を保障し，より特性に触れるようにすることと，安全に運動をすることに十分配慮することが大切である。
○ 各時間の終わりには，生徒が自己評価できる時間を設ける。また，全体で話し合うことが必要な場合は，全体を集めルールやマナーの確認をする。
○ 教師は，子ども一人一人の学習状況の観察と振り返りカード等から学習がうまく進んでいる子ども，停滞気味な子ども，資料を上手に活用していない子どもなど，子どものつまずきを把握し，次の時間の指導計画を立てる。
○ 教師は，グループや個人が困っている場合は，積極的に働きかける。特に同じ技に取り組み続け，意欲を低下させている子どもへの指導を工夫し，より特性に触れることができるようにすることが求められる。

(6) 鉄棒運動

① 鉄棒運動の運動特性

鉄棒運動は，鉄棒を中心とした空間をいろいろな上がり方，回り方，降り方に挑戦したり，それらを組み合わせたり，連続したりして楽しむ運動である。また，技を点数化し，得点を競い合うことも楽しい運動である。

② 学習のねらい

自分ができる上がり方，回り方，降り方を組み合わせたり連続させたり，できそうな上がり方，回り方，降り方に挑戦したりして楽しむ。

(6) 鉄棒運動

③ 学習の道筋

〔めあて1〕……今できる上がり方，回り方，降り方をきれいに運動をしたり，それらを組み合わせたり，連続させたりして運動を楽しむ。

〔めあて2〕……できそうな上がり方，回り方，降り方を選び，その技に合った練習を工夫し挑戦する。

④ 学習と指導の展開（5年生　6時間扱い）

はじめ	1．学習のねらいと道筋を理解し，学習の進め方を知る。 2．学習や安全上の約束を確認する。 3．グルーピングと役割分担をする。	
	学習のねらいと活動	指　　導
なか（6時間）	─めあて1の例─ 　A君：逆上がりと腕立て後転がスムーズにできる。 　B君：膝かけ上がり─連続膝掛け後転─踏み越し降りをつなげることができる。 ・グループ内でめあての確認をする。 　（どんな技で，どのように楽しみたいのか） ・グループ内で見合ったり，教え合ったりする。 ─めあて2の例─ 　A君：膝かけ上がりと腕立て前転に挑戦する。 　B君：腕立て前転とけ上がりに挑戦する。 ・学習資料を参考に自分のめあてに合った練習の工夫をする。	〈指導助言のポイント〉 ・自分に合っためあてか ・意欲的に取り組んでいるか ・約束を守り安全に学習しているか ・仲間と協力しながら取り組んでいるか 〈教師の働きかけ〉 ・グループ内での教え合いを促す。 ・より伝わりやすいアドバイスの仕方，コツの教え方を意識させる。 〈指導助言のポイント〉 ・自分にあっためあてか ・練習方法の工夫は適切か 〈教師の働きかけ〉 ・練習方法のアドバイスをする。 ・資料の活用の仕方や補足説明をする。 ・安全な練習になるよう練習内容や周囲の状況をチェックし，必要に

Ⅱ章　器械運動

	・学習の約束を守り，安全に気をつけて練習をする。 ・仲間と見合ったり，教え合ったりしながら学習を進める。	応じて指導する。 ・自己評価，相互評価を促す。評価の基準を明確化する資料を用意する。
まとめ	1．話し合いをし，単元のまとめをする。 　・工夫したこと，楽しかったこと 　・友達と協力したこと，教え合ったこと　など	

⑤　指導上の留意点

○　めあて1のはじめは，やさしい技で体を慣らし，徐々に得意な技や連続，組み合わせ技へ進むようにする。また，子どもがめあて1を意欲的に取り組むことができるよう，より鉄棒運動の特性に触れるようなめあて1の学習構想を工夫する。

○　めあて2では，技のファミリーと系統がわかる資料を用意し，自分に合った技に挑戦するようにする。また，視聴覚教材などの利用も指導する。

○　めあてに向かい活動を始めたが，自分に合っていないと判断したときは，めあてを変えてもかまわない。

○　各時間の終わりには，生徒が自己評価できる時間を設ける。また，全体で話し合うことが必要な場合は，全体を集めルールやマナーの確認をする。

○　教師は，子ども一人一人の学習状況の観察と振り返りカード等から学習が上手く進んでいる子ども，停滞気味な子ども，資料を上手に活用していない子どもなど，子どものつまずきを把握し，次の時間の指導計画を立てる。

○　教師は，グループや個人が困っている場合は，積極的に働きかける。

○　5年生は，いろいろな技の獲得がしやすい学年であると同時に，体型の変化も起こり始める時期でもある。特に鉄棒運動では，体重を腕で支えたり，引き上げたり，鉄棒にぶら下がったりするため，今までできていた技ができなくなることもある。そこで，意欲を低下させることもあるので，

(6) 鉄棒運動

学習の構想を十分工夫する。

○ 鉄棒運動は挑戦する技が少なく，新しい技を多く獲得するのが難しい。そこで，めあて1での学習の工夫が大切になる。とくに，鉄棒運動は，上がり技，回り技，降り技を連続させる楽しさがある。その楽しさに十分触れるようにさせることが大切になる。

《楢山　聡》

Ⅲ章　陸上運動

　小学校で扱われる陸上運動に関連した領域は，低学年の「走・跳の運動遊び」と，中学年の「走・跳の運動」，高学年の「陸上運動」である。それぞれの内容は，低・中・高学年での学習の系統を考慮し，以下のように位置づけることができる。

	1・2学年（低学年）	3・4学年（中学年）	5・6学年（高学年）
走の運動	かけっこ	かけっこ	短距離走
	折り返しリレー	（周回）リレー	リレー
	障害物リレー	小型ハードル走	ハードル走
跳の運動	跳の運動遊び	幅跳び	走り幅跳び
		高跳び	走り高跳び

　各運動や種目に陸上運動系の共通する特性として，①競争の仕方を工夫して競い合いを楽しむ「競争型」の特性と，②自己のタイムや記録の向上を楽しむ「達成型」の特性，の二つをあげることができる。また，各運動や種目には，それぞれの独自の楽しさや魅力があり，上記の特性にいっそうふれるためにそれぞれのポイントを押さえて学習指導に生かす工夫が必要となってくる。

　これまでの学習指導要領では，低・中学年において陸上運動系の内容は，「基本の運動」という大きなくくりのなかで捉えられた。平成20年の改訂では，上記のように低・中学年において「走・跳の運動遊び」，「走・跳の運動」と高学年で扱われる「陸上運動」へと運動領域の系統性が明確に示された。それに伴い，内容についても指導内容が明確化・体系化されている。

　ここでは，学習指導要領の改訂を考慮しつつ，運動のもつ機能的特性に焦点をあてた陸上運動の実践を展開する。1・2学年の「かけっこ・折り返しリレ

ー」，3・4学年の「小型ハードル走」，5・6年生の「走り幅跳び」，「走り高跳び」を取り上げる。

(7) かけっこ・折り返しリレー

a　基本的な学習指導の進め方

① 運動の特性

かけっこ：ゴールに向かって力いっぱい走る（移動する）ことや，コースや走り方を工夫して友だちとどちらが先にゴールに着くかを競争するのが楽しい運動である。

折り返しリレー：決められたコース（距離）を一人ではなく，チームや複数のメンバーでそれぞれのコース（距離）を走ってつなげてゴールを目指すことが楽しい運動である。

② 学習のねらい

かけっこ：かけっこの競争の仕方やコースを工夫して，力いっぱい走ったり，友だちと走る速さを競争して楽しむ。

折り返しリレー：折り返しリレーのルールや競争の仕方を決め，チームワークを活かしながら走る順番や練習を工夫して競争を楽しむ。

③ 学習の道筋

かけっこ（〔ねらい1〕，〔ねらい2〕）

〔ねらい1〕……いろいろなコースをつくって，かけっこやコースにあったいろいろな走り方を楽しむ。

〔ねらい2〕……かけっこのコースや走り方を決め，友だちとどちらが速くゴールにつくかを競争することを楽しむ。

折り返しリレー（〔ねらい3〕）

〔ねらい①〕……リレーのルールを知り，走り方やコースを工夫して，簡単なルールや作戦で，いろいろなチームと総当たり戦の折り返しリレーを楽しむ。

〔ねらい②〕……コースや走る順番や競争の仕方を工夫して，対戦相手を決め

Ⅲ章　陸上運動

て，対抗戦の折り返しリレー（含：障害物リレー）を楽しむ。

④　学習の流れ（かけっこ→折り返しリレー）

ねらい1 （達成／克服型）	ねらい2　（競争型）	ねらい3　（競争型）	
		ねらい①	ねらい②
1　　　2	3　　　4	5　　　6	7　　　8
・かけっこ	・かけっこ（競争）	・リレー（総当たり）	・リレー（対抗戦）
いろいろなコースで走り方に挑戦する	コースや走り方を決め，友だちと競争する	チーム対チームで競争する（総当たり）	チーム対チームで競争する（対抗戦）
個人（個人対個人）		集団（チーム対チーム）	

⑤　学習と指導の展開

はじめ（20分）	1．学習のねらいと道筋を知り，単元や1単位時間の流れや学習の進め方を理解し，学習の見通しをもつ。 2．チーム編成をし，役割分担をする。 3．約束事や，基本的なルールを決める。

	ねらいと活動	指　　導
なか1（25分×1＋45分×1）	〔ねらい1〕 　いろいろなコースをつくって，かけっこやコースにあったいろいろな走り方を楽しむ。 1．いろいろな姿勢からスタートをし，かけっこをする。 2．いろいろなコースをつくって，かけっこをする。 　①モノを置かないコース 　②カラーコーンを置いたコース 　③段ボールやフープ，カラーコーンなどいろいろなものを置いたコース	・うつ伏せ，あおむけ，後ろ向き，長座などの姿勢から素早くスタートさせ，30〜50m走らせる。 ・各チームで，いろいろなコースをつくらせ，モノの置き方の違いで走り方も変わってくることに気付くようにさせる。

(7) かけっこ・折り返しリレー

	3．各チームでつくったコースを他のチームに紹介する。他のチームのコースで走ってみたいものに挑戦してみる。	・コース作りに夢中になりすぎないように，コースに置くモノの数や種類を限定するなど「かけっこ」に子どもたちの気持ちが向くようにさせる。 ・各チームにそれぞれのコースを紹介させ，挑戦してみたいコースに挑戦させる。一つのコースに子どもが集中しそうであれば，他のコースや1人○個までの挑戦するコースの数を決め，スムーズに挑戦できるようにする。
なか2 （45分×2）	〔ねらい2〕 　かけっこのコースや走り方を決め，友だちとどちらが速くゴールにつくかを競争することを楽しむ。 1．各チームでコースの工夫をし，できたコースを走ってみる。 2．それぞれのコースを，友だちと競争してみる。 　①走るコースは自チームのコースで 　②対戦相手は同じで走るコースを入れ替えて 3．同じコースをつくって，友だちと競争してみる。	・コースに置くモノの数や種類を各チームで共通にするなど，コースの工夫から子どもたちの「競争」へ向かう欲求を大切にする。 ・最初の競争は，コースの条件をそろえるよりも，競争の仕方や面白さ（どちらが先にゴールにつくか）を味わわせるようにする。 ・競争への欲求がさらに高まると，コースの違いなどに不満を持つ子どももでてくるので，コースを同じにするなど工夫して，競争を楽しめるようにする。

Ⅲ章　陸上運動

なか3（45分×2＋30分×2）

〔ねらい3〕
折り返しリレーのルールや競争の仕方を決め、チームワークを活かしながら走る順番や練習を工夫して競争を楽しむ。

〔ねらい①〕
リレーのルールを知り、走り方やコースを工夫して、簡単なルールや作戦で、いろいろなチームと総当たり戦の折り返しリレーを楽しむ。

1．スタートして目印で折り返してゴール（スタート地点）を目指して、チームで走る順番を決め、走ってみる。
　①1人で走る。
　②2人で手をつないで一緒に走る。
　③3人や4人で手をつないで目印を折り返して走る。
2．走り方やコースを工夫して、いろいろなチームと折り返しリレーをやってみる。
　①何も置かないコースで
　②モノを置いたコースで
3．ルールを確認して、競争するチームを決めて、折り返しリレーをやってみる。
　①ルール（コース）の確認
　②ルール（走り方）の確認
　③バトンパス（手のひらタッチ、バトン）の確認

〔ねらい②〕
コースや走る順番や競争の仕方を工夫して、対戦相手を決めて、対抗戦の折り返しリレー（含：障害物リレー）を楽しむ。

・初めて折り返しリレーに挑戦するので、スタートして目印で折り返してゴール（スタート地点）を目指すという走り方を理解できるよう、1人で走ったり、2人で走ったりと様々な走り方を通して、折り返して走ることを楽しめるようにする。

・折り返しリレーのルールや仕方を理解するために、いろいろなチームと折り返しリレーをできるよう場の設定や、チームごとの対戦がスムーズにいくようにする。

・かけっこ違い、リレーは走る順番を考えなければならないので、ルールの確認とともに走る順番やバトンパス（次の人が走りだすタイミング）の確認をしっかりと行う。

(7) かけっこ・折り返しリレー

	1．競争するチームを決めて，折り返しリレーをやってみる。（リレー1） 　①ルール（コース）の確認 　②ルール（走り方）の確認 　③バトンパス（手のひらタッチ，バトン）の確認 2．次の対戦にむけて，話し合いや練習をする。 3．競争するチームを決めて，折り返しリレーをやってみる。（リレー2）	・「競争」に夢中になってくると，勝敗へのこだわりが強くなるため，バトンパスやスタート，ゴールなどのルールが重要になってくるので，子どもたちの状況をしっかり確認しながら，競争が楽しめるように配慮する。
まとめ（15分×2）	○話し合いをし，単元のまとめをする。 ・作戦やルールや場の工夫をして，力いっぱいかけっこやリレーを楽しんだか。 ・みんなで協力して練習やかけっこやリレーができ，勝敗を素直に認めたか。 ・自発的・自主的に学習に取り組み，かけっこやリレーの楽しさを味わったか。	

b　指導上の工夫や留意点

「走の運動」のもつ機能的特性の一つである「競争型」に重点をおいた実践であるが，個人対個人あるいはチーム対チームの形での「競争」への欲求があまり強くない児童もすくなからずいるはずである。このような児童にとって，「走の運動」のもつパイディア的なおもしろさに十分触れる時間があるだけで，「競争」への意識も変わってくると考える。

折り返しリレーでは，チームでバトンや手のひらタッチで順番をつなぎながらゴールを目指すため，「つなぐ」方法について低学年の実態に応じたものにしていく必要がある。

いろいろな走り方を経験させたいが，コースの工夫の面で，コース作りに夢中になってしまい，「全力で走る」という魅力が失われることがないかが課題になる。この点は，折り返しリレー，障害物リレーにもいえることである。

また，障害物リレーの特性（障害＝モノを跳び越えながら走る）から，中学年の小型ハードル走の特性（障害＝ハードルをリズミカルに跳び越しながら走る）へのつながりをどう捉えるかに留意する必要がある。

| Ⅲ章　陸上運動

(8) 小型ハードル走

a　基本的な学習指導の進め方

① 運動の特性

　ハードル（小型ハードル）を連続して，リズミカルに走り越しながら，友だちと競争したり，自己の記録に挑戦して楽しむ運動である。

② 学習のねらい

　自分に合ったインターバルの距離を見つけだし，ルールやコースを工夫して友だちと競争したり，記録に挑戦したりして楽しむ。

③ 学習の道筋

〔ねらい1〕……小型ハードルの高さを克服したり，リズミカルに走り越せるインターバルをみつけ，調子よくハードルを走り越えることを楽しむ。

〔ねらい2〕……40m〜50mのコースで，自分に合ったインターバルで並べた小型ハードルを一定のリズムで走り越えることを楽しんだり，簡単なルールを決めて，友だちと競争して楽しむ。

〔ねらい3〕……競争の仕方を工夫して，1対1やグループ対抗の競争を楽しみながら，自分に合ったリズムでのハードリングを工夫して，自分のめやすとなる記録に挑戦することを楽しむ。

④ 学習の流れ

ねらい1（克服）	ねらい2　　　　（克服／競争）	ねらい3（競争／達成）	
1　　　　2	3　　　　4	5　　　　6	7　　　　8
小型ハードルを連続して跳び越すことができるインターバルを見つける	40m〜50m程度の小型ハードル走で競争する（個人対個人）	競争の仕方を工夫して1対1やグループ対抗の競争をする（個人，集団）	
		自分に合ったリズムでのハードリングを工夫（技能の向上）して，記録に挑戦する	

(8) 小型ハードル走

⑤ 学習と指導の展開（8時間扱い）

はじめ（25分）	1．小型ハードル走の学習のねらいや道筋を理解し，学習の進め方を見通す。 2．学習資料や施設・用具の使い方，学習の場などについて理解する。 3．50m走のタイムを計り，短距離走とのタイムを比較したり，目標タイムを設定して挑戦する。	
	ねらいと活動	指　　　導
なか1（20分×1＋45分×1）	［ねらい1］ 　小型ハードルの高さを克服したり，リズミカルに走り越せるインターバルをみつけ，調子よくハードルを走り越えることを楽しむ。 1．小型ハードルの置き方を工夫しながら，ハードルを走り越すことを楽しむ。 　①ハードルを走り越す時の，踏み切り足と着地足を見つける。 　②ハードルとハードルの間隔を工夫しながら，ハードルを連続して走り越す。 2．小型ハードルをリズミカルに走り越せるインターバルを見つけ，調子よく走り越えることを楽しむ。 　①3歩ないし5歩でのリズムで走り越せるインターバルを見つける。	・小型ハードルの高さの克服や，自分に合ったインターバルを見つけやすいように様々な場を設定し，自分に合ったコースを見つけられるようにする。 ・ハードルへの恐怖心を和らげるような場も設定する。 ・40m～50mのインターバルが異なる小型ハードルのコースを用意する。
なか2（45分×1＋	［ねらい2］ 　40m～50mのコースで，自分に合ったインターバルの小型ハードルを一定のリズムで走り越えることを楽しんだり，簡単なルールを決めて，友だちと競争して楽しむ。 1．自分に合ったインターバルのコースをみつけ，最後まで調子よく走り越せるか確かめる。	・人数の多いコースは複数用意する。

Ⅲ章　陸上運動

30分×1	①最後まで3歩ないし5歩のリズムで走れるコースを見つける。 ②友だちと競走してみる。 2．簡単なルールを決めて，友だちと競争して楽しむ。 ①インターバルの異なる人と ②インターバルが同じ条件の人と ③40m走，50m走の人と	・練習の場を工夫する。インターバルをリズムよく走るための練習場所や，スムーズなハードリングのための練習場所を用意する。 ・子どもの欲求が競争よりも達成（記録）へ向かっている場合は，〔ねらい3〕の記録への挑戦を先に行う。
なか3（45分×3＋30分×1）	〔ねらい3〕 　競争の仕方を工夫して，1対1やグループ対抗の競争を楽しみながら，自分に合ったリズムでのハードリングを工夫して，自分のめやすとなる記録に挑戦することを楽しむ。 1．簡単な競争の仕方やルールを決めて，1対1やグループ対抗の競争をする。 ①1対1の競争（同じ条件で，場所別で，など） ②グループ対抗の競争（場所別で2チーム対抗や合計タイムなど） 2．自分に合う場所で練習し，記録に挑戦する。 ①ハードリングの工夫（振り上げ足，抜き足，踏み切り地点，着地点など） ②めやす表の記録を活用	・様々な競争の仕方やルールの例を提示し，競争を楽しむことができるようにする。 ・練習の場を工夫する。インターバルをリズムよく走るための練習場所や，スムーズなハードリングのための練習場所を用意する。 ・子どもたち同士の教え合いを大切にする。 ・めやす表を配布し，挑戦課題を明確にしやすいようにする。
まとめ（15分×2）	1．ハードリングの工夫など技術的に気づいたことを発表させ，共有する。 2．学習カードをもとに，学習の進歩の様子，工夫できたこと，楽しかったことなどをまとめる。	

b　指導上の工夫や留意点

①子どもたちは，低学年で「障害物リレー」において，モノを跳び越しながら

走る運動のおもしろさを味わっている。小型ハードル走では，障害物が小型ハードルに統一され，連続したモノ（＝小型ハードル）を跳び越すことのおもしろさにいっそう触れることができるようになる。しかし，小型ハードルに対して恐怖心を抱く子どももいるので，ハードルの高さを調整したり，カラーコーンとゴムひもを使った簡易ハードルなどを用意し，恐怖心をやわらげ，連続したものを跳び越すおもしろさに触れることができるようにする。

②リズミカルに跳び越すことが目指されるが，このリズミカルなインターバルは，連続したモノを走るスピードを落とさないで走れるかどうかを子どもたちが挑戦するなかで出てくるものである。リズミカルに跳ぶ（走るスピードは問わない）のか，スピードを落とさないで連続して走り越すための工夫としてリズミカルなインターバルでの走り方が生じるのかを子どもたちの学習状況から検討する必要がある。

③〔ねらい3〕の段階では，それぞれの技能的な課題を意識させ，課題別の場の設定を工夫する。しかし，技能向上に目が向かない子どもには，無理に技術指導にもっていかず，自分の課題に気付かせる資料や助言を与え，練習方法のヒントを与えるようにする。

④〔ねらい3〕において記録への挑戦を活動として取り上げているが，中学年の子どもたちの状況に応じて記録に挑戦する時間を設定する。

⑤子どもたちは，3歩や5歩といったインターバルをどのように捉えているのかについて検討する必要がある。踏み切り足がハードルごとに異なる跳び方でも特性に触れることができるので，ねらいとの関係を含めて検討したい。

⑥今回の学習過程は，「競争型」に重点をおいているが，中学年の子どもでも運動欲求が自己の記録への挑戦へ向かうことも考えられるので，実態に応じたねらいを設定する必要がある。

⑦めやす表の基準となる走力別段階の妥当性を検討する必要がある。

(9) 走り幅跳び

a 基本的な学習指導の進め方

① 運動の特性

助走のスピードを生かして力強く踏み切ってできるだけ遠くに跳ぶことや，どれだけ遠くに跳ぶことができるかを競争したり，自己の記録や目標とする記録に挑戦することが楽しい運動である。

② 学習のねらい

自分に合った助走からそのスピードを生かしてより遠くに跳び，個人やグループで競争したり，自己の記録や目標とする記録に挑戦したりして楽しむ。

③ 学習の道筋

〔ねらい1〕……助走のスピードを生かせる自分に合った助走の長さを見つけ，遠くに跳ぶことを楽しむ。

〔ねらい2〕……やさしい踏み切り場所で自分に合った助走の長さを選び，個人やグループで競争したり，自己の記録に挑戦することを楽しむ。

〔ねらい3〕……より遠くに跳ぶために助走の距離や踏切ゾーンを工夫して，試技の回数といったルールや競争の仕方などを工夫して個人やグループで競争したり，高まった力で自己のめやすとなる記録に挑戦することを楽しむ。

④ 学習の流れ（単元と毎時）

ねらい1（克服／達成）	ねらい2（競争／挑戦）	ねらい3（競争／挑戦）
1　　　　2	3　　　4　　　5	6　　　7　　　8
・助走のスピードを生かして遠くへ跳ぶ	・今もっている力で，個人やグループで競争する	・より遠くに跳ぶために助走や踏み切りを工夫して競争する
	・今もっている力で，自己の記録に挑戦する	・高まった力で自己のめやすとなる記録に挑戦する

(9) 走り幅跳び

⑤ 学習の指導と展開（8時間扱い）

はじめ(25分)	1．走り幅跳びの学習のねらいや道筋を理解し，学習の進め方を見通す。 2．学習資料や施設・用具の使い方，学習の場などについて理解する。 3．50m走や立ち幅跳びを行い，めやすの基準となる目標記録を出す。	
	ねらいと活動	指　　導
なか1 (20分×1 ＋45分×1)	〔ねらい1〕 　助走のスピードを生かせる自分に合った助走の長さを見つけ，遠くに跳ぶことを楽しむ。 1．15～20mの位置から助走のスピードを生かせるように踏み切り，遠くへ跳ぶ。 　①助走距離を変えながら，遠くへ跳べる助走の長さを見つける。 　②自分に合った助走の長さを見つけ，より遠くに跳べるように助走のスピードを生かせるよう踏み切って跳ぶ。	・助走の長さがわかるように，長さごとのコースをつくっておく。 ・〔ねらい2〕で課題となる踏み切りを意識できるような踏み切りゾーンの工夫をする。ここでは，めやすとなるようなやさしいゾーンを設定しておく。 ・どれだけ遠くへ跳べたかがわかるように砂場に目印をつけておく。
なか2 (45分×2 ＋30分×1)	〔ねらい2〕 　やさしい踏み切り場所で自分に合った助走の長さを選び，個人やグループで競争したり，自己の記録に挑戦することを楽しむ。 1．やさしい踏み切り場所で自分に合った助走の長さを選んで練習する。 2．簡単な競争の仕方やルールを決めて，1対1やグループ対抗の競争をする。 　①1対1：同じ助走の長さの人と 　　　　　同程度の記録の人と	・やさしい踏み切りゾーン(30～40cm程度)を設定し，自分に合った踏み切りの場所と助走の長さを確認させる。 ・踏み切りゾーンを気にしすぎて思い切った跳躍ができ

| Ⅲ章　陸上運動 |

		②グループ対抗：めやす表による記録の得点化 　　　　　　　全員の跳んだ距離の合計など	ない子どもには，踏み切りがめやすであることを伝え，思いっきり跳べるようにさせる。 ・簡単な競争の仕方やルールを事前に示し，理解させる。 ・記録や計測などの各係の分担を明確にさせる。 ・記録を伸ばすために必要なポイント（助走のスピード，踏み切り足の合わせ方など）を理解させる。
		3．自分のめやすを決めて，やさしい場で記録に挑戦する。（ペアやグループなどで相互評価しながら） 　①助走と踏み切りの確認 　②めやすと記録の比較	
なか3（45分×2＋30分×1）		〔ねらい3〕 　より遠くに跳ぶために助走の距離や踏み切りゾーンを工夫して，試技の回数といったルールや競争の仕方などを工夫して個人やグループで競争したり，高まった力で自己のめやすとなる記録に挑戦することを楽しむ。	
		1．自分に適した場を工夫して，高まった力で工夫された競争を楽しむ。 2．めやす表に基づく目標記録達成のために，さらに技能を高める方法を知り場所別に練習する。 　・助走の距離を短くして踏み切りの確認 　・輪踏み幅跳び 　・アクセント幅跳び 　・ロイター板の利用 　　　踏み切り動作の確認 　　　空中姿勢の確認 　・安全マットの利用 　　　着地動作の確認 3．めやすを修正しながら記録に挑戦する。	・新たな競争の仕方を例示し工夫させる。 ・設定された目標記録の妥当性を検討させ，めあてに応じた課題と場の適切性を理解させる。 ・同じ課題別グループでの相互評価を促進させる。 ・記録挑戦の時機をグループ

(9) 走り幅跳び

	4．記録の変化とその原因を考え，練習する。	ごとに決定させる。
まとめ（15分×2）	1．学習記録を整理し，変化の特徴をまとめ，総括的な学習評価を行う。 2．変化の原因を考え，学習の進め方について反省し，次時の課題を整理する。	

b 指導上の工夫や留意点

①高学年での走り幅跳びは，低学年の「跳の運動遊び」，中学年の「幅跳び」（短い助走5～10m程度で）での「助走をつけて踏み切り前方へ跳ぶ」という子どもたちの学びをもとに，助走のスピードを最後の踏み切りに効率よく生かして（前方への）ジャンプをするというより複雑な動作（技能）を必要とするものである。しかしながら，このより複雑な動作こそ，走り幅跳びの面白さであり，助走と踏み切りのタイミングが合い，大きな跳躍ができたときに子どもたちは機能的特性とともに構造的特性にも触れることができるといえる。

②そのため，課題別の場づくりでは，子どもたちに最もスピードが出る距離や踏み切りのタイミングを合わせるための場づくり，踏み切り前のアクセントについて，その必要性を〔ねらい1〕の段階から適宜意識させるようにしておく。しかし，技能の高まりにあまり関心を示さない子どもに対しては，無理に技能別の観点から課題の場を設定せず，思い切って跳べそうな場所，興味・関心がありそうな場所から始め，徐々に自分の跳び方に対する意識が高められるように工夫する。

③課題別グループは課題別であるため，グループは1時間ごとに，あるいは時間内でも流動的に編成されることになる。流動的なグループ編成のため，人数の偏りやグループ内の人間関係や安全面への配慮を十分行うようにする。

④目標の持たせ方（めやすの記録）には，50m走の記録，立ち幅跳びの記録，などさまざまな基準から推定し，得点化する方法があるので，クラスの実情や子どもたちが競争あるいは記録に興味・関心を向けやすく，わかりやすい

基準を設けることが必要となる。ただし，この基準については，その妥当性を検討しておく必要がある。

⑤〔ねらい2〕，〔ねらい3〕では，1時間内において競争型→達成型の学習過程を示しているが，子どもの学習や欲求の実態に応じて達成型→競争型，達成型のみ，競争型のみといったゆるやかな学習過程を考慮しておく。

⑥高学年の子どもたちにとって，基本的な学習過程の組み立て方それ自体が妥当であるかどうか，また子どもたちの自発性を生かした柔軟な学習過程の考え方について検討する。

⑦〔ねらい2〕，〔ねらい3〕での場づくりについては，低学年，中学年の各段階での場づくりの内容とともに，高学年での技能（技術）の課題を明確にし，効果的な場づくりを検討していく必要がある。

⑧走り幅跳びの学習にもっとも機能するめやす表やその他の開発度評価への工夫，活かし方について検討する。

(10) 走り高跳び

a 基本的な学習指導の進め方

① 運動の特性

助走のリズムをうまく生かして力強く踏み切り，どれだけ高く跳ぶことができるかを競争したり，自己の記録に挑戦することが楽しい運動である。

② 学習のねらい

自分に合った助走のリズムや跳び方をみつけ，より高く跳び，友だちやグループで競争したり，自己の記録に挑戦したりして楽しむ。

③ 学習の道筋

〔ねらい1〕……助走の仕方や跳びやすい場所を選んで，場を工夫したり練習の仕方を工夫してより高く跳ぶことを楽しむ。

〔ねらい2〕……自分に合った助走や跳び方を選び，グループで競争したり，自己の記録に挑戦して楽しむ。

〔ねらい3〕……より高く跳べるように助走の仕方や跳び方を工夫して個人や

(10) 走り高跳び

グループで競争したり，高まった力で自己のめやすとなる記録に挑戦して楽しむ。

④　学習の流れ

ねらい1（克服／達成）	ねらい2　（競争／挑戦）	ねらい3　（競争／挑戦）
1　　　　2	3　　　4　　　5	6　　　7　　　8
自分に合った助走のリズムや跳び方をみつける。	自分に合った助走や跳び方でグループで競争する	より高く跳べるように助走の仕方や跳び方を工夫して競争する
	自分に合った助走や跳び方で自己の記録に挑戦する	高まった力で自己のめやすとなる記録に挑戦する

⑤　学習の指導と展開（8時間扱い）

はじめ（25分）	1．走り高跳びの学習のねらいや道筋を理解し，学習の進め方を見通す。 2．学習資料や施設・用具の使い方，学習の場などについて理解する。 3．50m走の記録とノモグラムから目標記録を出し，グループ編成を行う。	
	ねらいと活動	指　　導
なか1（20分×1＋45分×1）	〔ねらい1〕 　助走の仕方や跳びやすい場所を選んで，場を工夫したり練習の仕方を工夫したりしてより高く跳ぶことを楽しむ。 1．自分に合った助走路や場を選ぶ。 　①踏み切り足の確認をする。 　②徐々に助走の長さ（歩数で計測）を伸ばし，5歩から7歩程度の助走をリズムよくできるように練習する。 　③いろいろな場所から助走してジャンプをし，自分に合った場所をみつける。 2．自分に合った場所でより高く跳ぶ。 　①助走がうまくいくような場の工夫を考える。	・助走のリズムがとれない子どもは，口や他の人の手拍子でリズムをとらせる。 ・ゴムひもバーや安全マットも準備させる。 ・バーの高さの異なる場をいくつか用意しておく。 ・自分に合った場所をみつけたら，その場でより高く跳

III章　陸上運動

	②助走→踏み切り→ジャンプがうまくいくように練習の仕方を工夫する。	べるように練習をさせる。
なか2 （45分×2＋30分×1）	〔ねらい2〕 　自分に合った助走や跳び方を選び，グループで競争したり，自己の記録に挑戦して楽しむ。 1．自分に合った助走や跳び方で競争する。 　①同じくらいの跳躍の友だちと1対1 　②グループ対抗で競争 　　・ノモグラムを利用した得点によるグループ対抗 　　・ノモグラムを利用した得点による全グループ競争 　　・勝敗による競争　など 2．自分のめやすを決め，自分に合った場で記録に挑戦する。 　①場所別グループで記録会を行う 　②助走や跳び方など相互評価を行う	・簡単な競争の仕方やルールを示し，選択させて競争を行わせる。 ・自分に合った高さへの挑戦と競走との関係を理解させる。 ・ノモグラムを用いた記録のめやすを子どもたちで立てられるようにしておく。 ・場所別で記録会を行いながら，記録への挑戦，試技の行い方などを学ばせる。
なか3 （45分×2＋30分×1）	〔ねらい3〕 　より高く跳べるように助走の仕方や跳び方を工夫して個人やグループで競争したり，高まった力で自己のめやすとなる記録に挑戦して楽しむ。 1．より高く跳べるように助走の仕方や跳び方を工夫しながら，自己の記録に挑戦する。 　①場の工夫 　　・安全マットやロイター板の利用 　②跳び方の工夫 　　・アクセント高跳び（踏み切りの確認） 　　・輪踏み高跳び（助走の確認）	・設定された目標記録の妥当性を検討させ，めあてに応じた課題と場の適切性を理解させる。 ・同じ課題別グループ内で相互評価を促進させる。学習カードなどを効果的に用い

	・空中フォームや振り上げ足の工夫 ・助走の長さを変えてみる　　など ２．高まった力でさまざまに工夫された競争を楽しむ。 　①競争相手を決めて（１対１） 　②グループ対抗で 　　・競争相手やグループ編成の変更も考える。 ３．競争を通しての記録の変化や，跳び方や場の工夫による記録の変化について考え，新たな競争や自己の記録に挑戦する。	るようにさせる。 ・場の設定や跳び方を工夫させる。 ・高まった力で新たな競争の仕方に挑戦させる。 ・〔めあて２〕で行った競争時の記録や勝敗表を用意し，記録の向上や競争への意欲が高まるようにする。 ・競争を続けたい子どもと記録へ挑戦し続けたい子どもが出てくると予想されるので，適宜，場を設定し，それぞれの課題に挑戦できるようにする。
まとめ （15分 ×２）	１．学習記録を整理し，変化の特徴をまとめ，総括的な学習評価を行う。 ２．変化の原因を考え，学習の進め方について反省し，次時の課題を整理する。	

b　指導上の工夫や留意点

①子どもたちは，中学年で短い助走からの高跳びを経験しているが，助走距離が長くなることによって助走のリズムや踏み切りは大きく違ってくる。また，これらの変化によってバーやゴムひもバーを跳び越すことへの恐怖心が生まれることも予想される。そのため，長い助走からバーを跳び越える（体を移動させる）経験を〔ねらい１〕で十分経験させておくことによって，その後の活動を円滑に進めることができる。

②走り高跳びの個人の力に応じためあて（高さの基準）の典型例は，表のような「ノモグラム」によって示されることが多い。しかし，この数値の妥当性

| III章　陸上運動

走り高跳びのノモグラム

```
身長      走り高跳び    50m走
180       140          6.5
170       130          7.0
160                    7.5
          120
150                    8.0
          110
140                    8.5
          100
130                    9.0
          90
120                    9.5
          80
110                    10.0
cm        cm           sec
```

走り高跳び＝0.5×身長－10×50m走－120

については今後様々な授業実践を通して，より一層その精度を高めていく必要がある。また，〔ねらい3〕での高まった力で記録に挑戦したり競争したりする場合，どのような新たな基準と評価の尺度項目を準備すべきか否かについて，学習の進行状況に応じた柔軟な見極めと指導が必要である。

③バーそれ自体を越えることを怖がる子どもに対しては，ゴムひもや着地場所に安全マットを用いるなどして恐怖を和らげるようにする。また，自分の力より少し低い高さで反復練習を行うことで自信をつけさせるようにする。

④記録の停滞によって挑戦意欲が低下してくる場合には，状況に応じてグループでの競争内容に工夫を加えたり，踏み切りにロイター板を利用して跳んだことのない高さを経験させ，新たな挑戦意欲を高める工夫が必要である。（安全確保に留意）

⑤今回の単元計画では，1時間内で競争型→達成型を学習過程の基本にしているが，子どもたちの学習状況や運動欲求によっては，記録に挑戦するグループ（場），競争を楽しむグループ（場）といった課題別の場を設定して授業を進める方法も考えられる。子どもたちの競争欲求，挑戦欲求を考慮し，望ましい学習過程について検討する必要がある。

《小坂　美保》

Ⅳ章 水　泳

(11) 水　泳（水遊び，浮く泳ぐ運動を含む）

　「体育科の理論」Ⅱ章(6)でも記しているが，平成20年3月に改訂された小学校学習指導要領における「水泳系」の主な改訂点は以下のようである。

　「水泳」は従前，「内容の取扱い」で「原則として第4学年で指導する。」としていたが，発達の段階を考慮し，第5学年から指導することになった。

　水泳系の領域として，低学年を「水遊び」，中学年を「浮く・泳ぐ運動」，高学年を「水泳」で構成しているが，ここでは，低学年及び中学年の水泳系の学習と指導の概要を含みながら，高学年の「水泳」領域の「学習と指導の展開」を例として取り上げることにする。

　まず，第1学年及び第2学年における「水遊び」の学習と指導を考えてみよう。

　「水遊び」は，「水に慣れる遊び」と「浮く・もぐる遊び」で内容が構成されている。これらの運動遊びは，水中を動き回ったり，もぐったり，浮いたりする心地よさを楽しむ運動である。

　「水遊び」の全体としての「技能」（動き）として，①「水に慣れる遊び」では，「水につかって，水をかけ合ったりまねっこをしたりして遊んだり，電車ごっこやリレー遊びなどをして遊んだりする」ことをねらっている。

　つまり，水につかっていろいろな動物などのまねをしながら歩いたり，方向を変えて走ったり，鬼遊びなどをしたりして遊ぶことになる。また，②「浮く・もぐる遊び」では，「壁や補助具につかまって水に浮いて遊んだり，水にもぐっていろいろな遊びをしたり，水中で息を吐いたりして遊ぶ」ことをねらっている。

Ⅳ章 水　　泳

　「技能」(動き)だけでなく,「態度」や「思考・判断」(学び方)も一人一人の児童が身につけるべき学習内容として重要である。
　「態度」としては,「運動に進んで取り組み,仲よく運動をしたり,水遊びの心得を守って,安全に気を付けたりすることができるようにする」ことが必要になる。
　「運動の順番」を守ったり,「補助具の準備や片付け」を友達と一緒にしたり,「プールサイドは走らない」などの水遊びの「心得」を守ったりできるようにすることが「態度」の学習内容として重要である。
　さらに,生涯スポーツの基礎教育としての学校体育を考える時,「思考・判断」(学び方)が一層重要となる。「水中での簡単な遊び方を工夫できるようにする」ことである。「遊び」の「行い方」を知ったり,楽しく遊ぶことができる「場」や「遊び方」を選んだりすることができる力を育むことが大切である。
　次に,「第3学年及び第4学年」における「浮く・泳ぐ運動」の学習と指導を考えてみよう。
　①「浮く運動」では,「補助具などを使う浮きや使わない浮きをしたり,け伸びをしたりする」ことをねらっている。
　つまり,息を吸い込み,全身の力を抜いていろいろな浮き方をしたり,プールの底や壁をけり,体を一直線に伸ばして進んだりすることになる。また,②「泳ぐ運動」では,「補助具を使ってクロールや平泳ぎの手や足の動きや呼吸の方法を練習したり,呼吸をしながらの初歩的な泳ぎをしたりする」ことをねらっている。
　第1学年及び第2学年の「水遊び」と同様,「技能」だけでなく,「態度」や「思考・判断」の内容を学習し,習得することも重要となる。
　「進んで,仲良く,安全に気をつけ」たり,友達と「励まし合って」運動したりすることが必要である。また,「思考・判断」の内容として,「自己の能力に適した課題をもち,動きを身に付けるための活動を工夫できるようにする」ことが重要となる。動きを身に付けるための練習の仕方を知ったり,練習の場を選んだり,動きのポイントを知ったりすることが重要であり,第5学年及び

(11) 水泳（水遊び，浮く泳ぐ運動を含む）

第6学年の「水泳」にもつながることになろう。

最後に，「第5学年及び第6学年」における「水泳」の学習と指導について述べることにする。

水泳の「技能」では，①「クロールで，続けて長く泳ぐこと」，②「平泳ぎで，続けて長く泳ぐこと」をできるようにすることと示されている。

「クロール」においては，「手と足の動きに呼吸を合わせながら，続けて長く泳ぐことができるようにする」ことを目指し，「25～50m程度を目安にしたクロール」が期待される。

具体的な技能としては，「手を左右交互に前に伸ばして水に入れ，水をかくこと。」，「リズミカルなばた足をすること。」，「肩のローリングを用いて顔を横に上げて呼吸をすること。」などが示されている。

また，「平泳ぎ」においては，「手と足の動きに呼吸を合わせながら，続けて長く泳ぐことができるようにする」ことを目指し，「25～50m程度を目安にした平泳ぎ」が期待されている。

具体的な技能としては，「両手を前方に伸ばし，円を描くように左右に開き水をかくこと。」，「足の親指を外側に開いて足の裏全体で水を押し出すとともに，キックの後に伸びの姿勢を保つこと。」，「手を左右に開き水をかきながら，顔を前に上げ呼吸をすること。」などが示されている。

「態度」については，低学年や中学年と同様の内容と言える。つまり，「運動に進んで取り組み，助け合って水泳をしたり，水泳の心得を守って安全に気を配ったりすることができるようにする。」となっている。

なお，着衣のまま水に落ちた場合の対処の仕方については，各学校の実態に応じて取り扱うことになっている。

また，「思考・判断」については，「自己の能力に適した課題の解決の仕方や記録への挑戦の仕方を工夫できるようにする」ことがねらいとなっている。

具体的には，「課題の解決の仕方を知り，自分の課題に応じた練習の場や段階を選ぶこと。」，「続けて長く泳ぐ記録への挑戦の仕方を知り，自分に合った距離を設定することや記録への挑戦の仕方を選ぶこと。」などが示され，生涯

Ⅳ章 水　　泳

スポーツを目指した考え方が記されていると言えよう。
　つまり，オリンピック選手を目指し，速く泳ぐことを第一の目標とし，タイムを競い，友達と競争して勝つことをねらいとするのではなく，自分の能力に適した課題（続けて長く泳ぐ課題）を解決していくことを主なねらいとしていると言ってよい。
　なお，泳ぎにつなげる水中からのスタートを指導するものとし，また，学校の実態に応じて背泳ぎを加えて指導することができるように，「内容の取扱い」に示されている。
　以下，第5学年又は第6学年における「水泳」単元の学習指導の展開例を挙げることとする。

a　基本的な学習指導の進め方

① 　運動の特性

　いろいろな泳ぎを身につけ，泳ぐ距離や速さの記録を高めたり，速さを他人と競い合ったりする個人的なスポーツである。
　つまり，水という障害を克服して，呼吸の仕方や手足の動かし方などを工夫し，いろいろな泳ぎ方に挑戦する「克服型」としての運動であるとともに，泳ぐ距離や自分の記録に挑戦する「達成型」としての運動，さらには，個人やチームで相手との速さに挑戦する「競争型」としての楽しみのある運動が水泳の特性といえる。

② 　学習のねらい

　プールのきまりや水泳の心得を守って，自己の能力に合った課題を持ち，クロールや平泳ぎで，続けて長く泳いだり，速く泳いだり，競争したりして楽しむ。

③ 　学習の道筋

〔めあて1〕……今できる泳ぎ方を一層じょうずにして，続けて長く泳いだり速く泳いだりして，水泳を楽しむ。

〔めあて2〕……不得意な泳ぎ方や難しい泳ぎ方に挑戦したり，自分の泳げる距離や記録や相手（チーム）との競争に挑戦して水泳を楽しむ。

(11) 水泳（水遊び，浮く泳ぐ運動を含む）

④ 学習の流れ（単元と毎時の流れ）

単元の流れ→

一時間の流れ↓

〔めあて1〕
自分の今できる泳ぎ方で，よりじょうずに泳いだり，続けて長く泳いだり，速く泳いだりする

⇩

〔めあて2〕
不得意な，難しい泳ぎ方に挑戦したり，自分の泳げる距離・記録や相手（チーム）との競争に挑戦したりする。

〔めあて1〕
（前時に〔めあて2〕ができたら，それと同じめあてを，本時では〔めあて1〕とする。）

⇩

〔めあて2〕
（また新しい泳ぎや新たな課題を設定して挑戦する。）

⑤ 学習と指導の展開

はじめ(20分)	1．学習のねらいと道筋を知り，単元や1単位時間の流れ・学習の進め方を理解し，学習の見通しを持つ。 2．プールのきまりや，水泳の心得などを知る。 3．グルーピングや役割分担をする。 ・バディの仕方を理解する。 ・用具の準備や後片付けの仕方を知る。 ・練習の場所を確認する。	
	ねらいと活動	指　　導
	〔めあて1〕 　今できる泳ぎ方を一層じょうずにして，続けて長く泳いだり，速く泳いだりして，水泳を楽しむ。 〈めあての例〉 ・A君……平泳ぎでのカエル足のキッ	・平泳ぎは，手を胸の前にかき始めたとき，かかとを尻の近くにくる

145

Ⅳ章　水　泳

なか （25分×1＋45分×11＋30分×1）	クの仕方 ・B君……クロールでの手のかきと息つぎの仕方 ・C君……平泳ぎでの手足の動きと呼吸のバランス ・Dさん…水中でのスタートからのクロールとクロールのターンの仕方 〔めあて2〕 　不得意な泳ぎ方や，難しい泳ぎ方に挑戦したり，自分の泳げる距離・記録や相手（チーム）との競争に挑戦して，水泳を楽しむ。 〈めあての例〉 ・E君……平泳ぎで100mの距離に挑戦し続けて泳ぐ。 ・Fさん…クロールで，25mを25秒以内で泳ぐ。 ・GとHのグループ…グループ対抗で，100mを4人で（1人25m）泳ぎ，競争する。	ようにゆっくり曲げて引きつけるようにする。 ・片手でタッチし，両足を素早くプールの壁に引きつけるようにさせる。 ・〔めあて1〕をさらに続けたい児童は，そのまま同じ課題で学習を続けるようにさせる。 ・伸びのある泳ぎができるよう助言する。 ・スタートやタッチの安全な方法を身につけさせる。 ・各自，自由な泳ぎで泳がせるが，特に安全面に留意させる。
まとめ（15分）	○話し合いをし，単元のまとめをする。 ・プールのきまりや，水泳の心得を守ることができたか。 ・自分の力に合った適切なめあてが持てたか。 ・得意な泳ぎや新しい泳ぎ方で何m泳げたか。 ・安全に気をつけ，協力して学習できたか。 ・学校以外でのプールや海，川などでの水泳の心得（安全面やマナー面等）を理解したか。	

(11) 水泳（水遊び，浮く泳ぐ運動を含む）

b　指導上の工夫や留意点

①水泳は生命にかかわることから，水泳場の確保が困難で水泳を扱えない場合でも，水泳などの安全や衛生の心得については必ず指導することが大切である。

②クロール及び平泳ぎの指導については，スタートも取り上げるが，その際安全に十分留意することが必要である。

③水泳の学習の流れとしては，1時間の中に〔めあて1〕と〔めあて2〕を設定し，1単位時間の前半では，「今できる泳ぎ方でもっとじょうずに泳ぐ」ことを目標に，後半では「新しい泳ぎ方や難しい泳ぎ方に挑戦したり，距離や速さに挑戦して泳ぐ」ことを目標にさせるとよい。

　しかし，児童の実態により〔めあて1〕と〔めあて2〕の時間配分は柔軟に考え，1単位時間を同じめあてで学習した方がよい場合もある。

④水泳は非常に個人差の大きい運動種目であるため，安全面に留意して，技術の系統性を踏まえ，段階的に，水慣れや浮き方・立ち方，面かぶりクロール等を学習してから，平泳ぎやクロールの泳法に進むように指導の工夫をする必要がある。

《立木　正》

Ⅴ章　ゲーム・ボール運動

（12）ゴール型（バスケットボール）

a　基本的な学習指導の進め方

① 運動の特性

　手でボールを操作したり，ボールを持たない動きを使って，「ボールを相手陣地に運ぶことができるかどうか」「ディフェンスをかわしてシュートチャンスをつくることができるかどうか」「ボールをリングに入れることができるかどうか」という三つの局面をめぐってチームで挑戦し，勝敗を競うことがおもしろい運動である。

　特に，ボールを扱いながら三つの局面を手がかりに，戦術や作戦を工夫したり，ルールを工夫したりして，集団対集団で得点を競い合うことが楽しい「ゴール型スポーツ」といえる。

② 学習のねらい

　「ボールを相手陣地に運ぶことができるかどうか」「ディフェンスをかわしてシュートチャンスをつくることができるかどうか」「ボールをリングに入れることができるかどうか」という三つの局面の攻防をめぐって，攻め方・守り方やルールを工夫し，力いっぱい，相手チームに挑戦し，ゲームを楽しむ。

③ 学習の道筋

〔ねらい１〕……きまりやルールを決め，特に「ボールを運ばせない」「シュートチャンスを作らせない」ためにマンツーマンディフェンスで守り，失点をできるだけ少なくするゲームに挑戦する。

〔ねらい２〕……「ディフェンスをかわしてシュートチャンスを作り」，「ボールをリングに入れ」得点を多くとるために，チームで工夫し，

(12) ゴール型(バスケットボール)

得点を競い合うゲームに挑戦する。

〔ねらい3〕……今までの技術や戦術を手がかりに，チームで自分たちの弱点を分析・補強して，リーグ戦を行う。

ねらい1 →	ねらい2 →	ねらい3
・準備運動（チーム練習）	・ゲーム①	・ゲーム
・ゲーム①	・振り返り	・練習（話し合い）
・振り返り・練習	・練習	・ゲーム
・ゲーム②	・ゲーム②	・練習（話し合い）
・振り返り	・振り返り	・ゲーム
・まとめ	・（練習）	・（話し合い）
	・まとめ	・まとめ

④ 学習と指導の展開

はじめ（15分）	1．学習のねらいと道筋を知り，単元や一単位時間の進め方を理解し，学習の見通しを持つ。 2．バスケットボールの三局面である「運ぶ」「組み立てる」「シュートする」について学習し，ルールや約束事を確認する。 3．チーム編成をし，役割分担をする。	
	ねらいと活動	指　　導
なか1（30分×1＋45分×2）	〔ねらい1〕 きまりや簡単なルールを決め，特に「ボールを運ばせない」「シュートチャンスを作らせない」ためにマンツーマンディフェンスで守り，失点をできるだけ少なくするゲームに挑戦する。 1．バスケットボールコートを作る。 2．総当たり戦のゲームの組み合わせを決める。	・バスケットボールの内容と関わって，三つの局面があることを十分に理解させ，失点しないためにどうするかについて，具体的なめあてを持たせる。（例えば，マンツーマンディフェンスなど） ・できるだけ多くのコートをつくり，ゲーム数を多くする。

| V章　ゲーム・ボール運動

3．きまりやルールを確認する。
　・4対4でのゲーム（実態に合わせて，3 on 3のようなハーフ・バスケットを行ってもよい）
　・1試合8分で，交代自由
　・マンツーマンディフェンスをして守る。
4．ゲームをする。
　・審判は交代して行う（もしくはセルフジャッジ）
　・ゲーム中に，自チーム内で「運ぶ」「組み立てる」「シュートする」のどこに課題があるのかを見る。
5．振り返り。
　・マンツーマンディフェンスができていたかどうか振り返り，ゲームに生きるよう1対1や2対2の練習をする。
6．ゲームをする。
　・練習をしたことが使えるようであれば使う。

・コートの広さによってゲーム中の人数を決める。
・ドリブルについては，クラスの実態を見て判断する。

・いろいろなチームと対戦し，自分たちのチームが三つの局面のうち，どこに課題があるのかを知るように手がかりを与えるようにする。

・ねらいやめあてを振り返り，クラスとして課題となっている内容を導き出し，具体的な練習方法や戦術について提示する。

・練習をしたことの確認ゲームにならないように注意する。

〔ねらい2〕
　ディフェンスをかわしてシュートするために，チームで工夫をし，得点を競い合うゲームに挑戦する。

1．バスケットコートを作り，対戦チームを決める。

2．ゲームをする。

・相手チームに対応した攻め方や守り方を工夫してゲームが行えるうする。

・具体的なバスケットの技術については資料や視聴覚教材を用いると同時に，実際にみんなで動いてみ

なか2（45分×2）

(12) ゴール型（バスケットボール）

〈ルールの例〉 ・カットインプレーやスクリーンプレーに挑戦し，ノーマークの状況を作って（かわして），シュートする。 ・ノーマークでゴールができれば2点，マークされてゴールすれば1点。	ながら確認する。
3．話し合いをし，自分たちのチームで課題となっている局面について具体的な練習を行う。 ・スクリーンプレー・カットインプレー・フェイントなどを練習する。 4．ゲームをする ・練習してきたことが使える場面があれば，積極的に使う。 ・ノーマークの判定は自分たちで行う。 5．話し合いをし，新たなチームとの対抗戦のゲームに生かす。	・組み立てる際にノーマークを作るようにアドバイスを行う。 ・ゲーム①の反省を生かし，作戦をたてなおしたり，練習方法を工夫したりする。 ・具体的な技能について，何故この練習をしているのかを意識させる。 ・状況に対応した攻め方や守り方を工夫してゲームを行うようにさせる。

なか3（45分×1＋40分×1）

〔ねらい3〕
　今までの技術や戦術を手がかりに，チームで自分たちの弱点を分析・補強して，リーグ戦を行う。

1．バスケットコートを作り，対戦の方法を決める。 2．総当たり戦のゲーム（リーグ戦）を行う。 3．ゲームの間に他のチームを分析したり，自チームの弱点を練習する。 4．リーグ戦のまとめと反省をし，次	・練習したことの確認ゲームにならないように注意する。 ・負けたチームの話し合いに加わり，援助・助言を行う。 ・これまでのゲームの中で学んできたことが，状況に応じて使えるようにアドバイスをする。 ・総当たり戦（リーグ戦）の対戦表を作らせる。

V章 ゲーム・ボール運動

	のゲームの具体的課題をはっきりとさせる。 ・コートの広さによってゲーム中の人数を決める。 ・ドリブルについては，クラスの実態を見て判断する。	・バスケットボールのゲームにみんなが参加できるようにする。 ・練習したいチームには，自主的に練習を行わせると同時に，児童が求めた場合，アドバイスを行う。 ・単に順位を決めるだけでなく，三つの局面から自チームの分析を行い，チームの力を発揮できるようなゲームにさせる。
まとめ（5分）	○話し合いをし，単元のまとめをする。 ・協力し合って，「ボールを相手陣地に運ぶことができるかどうか」「ディフェンスをかわしてシュートチャンスをつくることができるかどうか」「ボールをリングに入れることができるかどうか」ができたかどうかを振り返る。 ・ルールや約束を守り，協力して練習やゲームができたか。 ・勝敗に対してこだわるとともに，素直に認め，審判に文句を言ったり，友達の失敗に文句を言ったりしなかったか。	

b 指導上の工夫や留意点

① 〔ねらい１〕では，ディフェンスに得点を与え，マンツーマンディフェンスを行うことで，より具体的なバスケットボールの技能を楽しむことができるように指導する。

　また，学級の状態によって「運ぶ」局面をなくした３on３のようなハーフ・バスケットボールを行ってもよい。攻防分離型にすることによって，より具体的な課題をチームで見いだしやすくし具体的な指導を行うことができる。

　ドリブルについては児童の実態との関係から工夫する。

　ゲームとゲームの間では，「運ぶ」「組み立てる」「シュートする」という局面に関わったバスケットボールの具体的な技術を紹介したり，教えたりする。

② 〔ねらい２〕では，マンツーマンディフェンスで守られているからこそ，い

かに攻撃を行うかを考えさせ，バスケットボールのスクリーンプレーやカットインプレーを紹介し，自分たちのチームの課題を見つけさせてゲームを行わせる。

また，チームの弱点や課題について「運ぶ」「組み立てる」「シュートする」という三つの局面を手がかりに反省し，ゲームの質を高め，発展させていくことができるようにする。

③〔ねらい3〕では，〔ねらい1〕や〔ねらい2〕で行ったゲームで高まった力を用いてリーグ戦を行うようにする。また，この際にはルールを学級内で統一し，ゲームを行う。なお，時間確保が困難な場合，学級会・球技大会・子ども企画の大会形式等のように実施する方法もある。

④チーム編成は，男女混合の異質チーム（チーム間は均等の力）とし，単元終了まで，できるだけチーム編成は変えないほうがよい。ただし，同じチームが負け続けたりするような場合は，実態に応じて変更してもよい。

⑤チームの人数は，コートの広さや児童の実態によるが，ハーフ・バスケットならば3対3が好ましく，フルコートでおこなう場合は3対3から4対4でゲームを行うことが望ましい。

⑥ねらいは，クラスやチームによって「ボールを相手陣地に運ぶことができるかどうか」「ディフェンスをかわしてシュートチャンスをつくることができるかどうか」「ボールをリングに入れることができるかどうか」に関わって具体的に立てる。また，個人のめあても，チームの中での役割やゲームの中での役割といった点から具体的な技術と関わって考えさせたい。

《原　佑一》

(13) ネット型（バレーボール）

a　基本的な学習指導の進め方

① 運動の特性

ボールを，「いかに相手コートに落とすことができるかどうか」「守備から攻撃へ組み立てることができるかどうか」「いかに自分のコートに落とさないこ

Ⅴ章　ゲーム・ボール運動

とができるかどうか」という三つの局面をめぐってチームで挑戦し，勝敗を競うことがおもしろい運動である。

特に，ボールを扱いながら三つの局面を手がかりに，戦術や作戦を工夫したり，ルールを工夫したりして，ネットを挟んで集団対集団で得点を競い合うことが楽しい「ネット型スポーツ」といえる。

② 学習のねらい

ボールを「いかに相手コートに落とすことができるかどうか」「守備から攻撃へ組み立てることができるかどうか」「いかに自分のコートに落とさないことができるかどうか」という三つの局面をめぐって，攻め方・守り方・ルールを工夫し，力一杯，相手チームに挑戦し，ゲームを楽しむ。

③ 学習の道筋

〔ねらい1〕……きまりやルールを決め，「落とす」「組み立てる」「落とさない」の局面があるゲームを楽しみながら，特に「落とさない」ことに挑戦する。

〔ねらい2〕……「落とす」「組み立てる」「落とさない」の局面があるゲームを楽しみながら，特に「組み立てる」「落とす」の攻防を創ることに挑戦する。

〔ねらい3〕……「落とす」「組み立てる」「落とさない」の局面があるゲームをリーグ戦で楽しみながら，これまでのことに加えて「落とさせない」の攻防を創ることに挑戦する。

ねらい1 →	ねらい2 →	ねらい3
・準備運動（チーム練習）	・ゲーム①	・ゲーム
・ゲーム①	・振り返り	・練習（話し合い）
・振り返り・練習	・練習	・ゲーム
・ゲーム②	・ゲーム②	・練習（話し合い）
・振り返り	・振り返り	・ゲーム
・まとめ	・（練習）	・（話し合い）
	・まとめ	・まとめ

(13) ネット型（バレーボール）

④　学習と指導の展開

はじめ (15分)	1．学習のねらいと道筋を知り，単元や一単位時間の進め方を理解し，学習の見通しを持つ。 2．バレーボールの三局面である「落とす」「組み立てる」「落とさない」について学習し，ルールや約束事を確認する。 3．チーム編成をし，役割分担をする。	
	ねらいと活動	指　　導
なか1 (30分×1 + 45分×2)	〔ねらい1〕 　きまりやルールを決め，「落とす」「組み立てる」「落とさない」の局面があるゲームを楽しみながら，特に「落とさない」ことに挑戦する。 1．バレーボールコートを作る。（バドミントンコートぐらいがよい） 2．総当たり戦のゲームの組み合わせを決める。	・バレーボールの内容と関わって，三つの局面があることを十分に理解させ，バレーボールの面白さである，ボールを落とさないことに挑戦することに関わってめあてを持たせる。 ・できるだけ多くのコートをつくり，ゲーム数を多くする。
	3．きまりやルールを確認する。 　・4対4でのゲーム（実態に応じて，キャッチバレーにしてもよい） 　・1試合8分程度で，順番に交代をする。 　・必ず3回で相手コートにかえす。 4．ゲームをする。 　・審判は交代して行う。（もしくはセルフジャッジ） 　・ゲーム中に，自チーム内で「落とさない」に関わってどこに課題があるのかを見る。 5．振り返り。	・クラスの実態に応じてキャッチありにするかを考える。（キャッチバレーは，その後の「組み立てる」ことに挑戦する際に，様々な戦術が子どもの側から出てくる。） ・いろいろなチームと対戦し，「落とさない」ようにするにはどのようにすればよいかをアドバイスする。 ・ねらいやめあてを振り返り，「落

| V章　ゲーム・ボール運動

| なか2（45分×2） | ・ボールを「落とさない」ためにどのような工夫ができるか振り返り，ゲームに生きるよう具体的な練習をする。
6．ゲームをする。
・練習をしたことが使えるようであれば使う。

〔ねらい2〕
「落とす」「組み立てる」「落とさない」の局面があるゲームを楽しみながら，特に「組み立てる」「落とす」の攻防を創ることに挑戦する。

1．バレーボールコートを作り，対戦チームを決める。
2．ゲームをする。
〈組み立ての例〉
・セッターが右にあげるふりをして左にボールをあげる。
・アタックを打つときに二人ジャンプしてどちらがアタックを打つかわからないようにする。
3．話し合いをし，自分たちのチームでどのような「組み立て」が有効なのかを考え，具体的な練習を行う。（またはクラスみんなで練習をしてみる。）
4．ゲームをする。
・練習してきたことが使える場面が | とさない」をめぐってクラスとして課題となっている内容を導き出し，具体的な練習方法や戦術について提示する。
・練習をしたことの確認ゲームにならないようにゲームの面白さに触れられるようにする。

・相手チームに対応した攻め方や守り方を工夫してゲームが行えるうする。また，特に「組み立てて」「落とす」ことに挑戦できるよう，セッターの位置などを指導する。
・キャッチバレーの場合，アタックについては空中キャッチ＆スローは認める。
・ブロックについては認めるようにする。
・子どもたちから出てきた組み立てをバレーの技術と結び付けて，技術の名前を教える。
・具体的なバレーボールの攻撃技術（フェイント，クイック，時間差，オープンなど）については資料や視聴覚教材を用いると同時に，実際にみんなで動いてみながら確認する。
・練習の確認ゲームにならないよう， |

(13) ネット型（バレーボール）

	あれば，積極的に使う。 ・ノーマークの判定は自分たちでおこなう。 5．話し合いをし，新たなチームとの対抗戦のゲームに生かす。	ゲームそのものに夢中になるように指導する。 ・ディフェンスとの関係でつまずいているチームには新しい「組み立て」の技術を提案してみる。
なか3（45分×1＋40分×1）	─〔ねらい3〕────── 「落とす」「組み立てる」「落とさない」の局面があるゲームをリーグ戦で楽しみながら，これまでのことに加えて「落とさせない」の攻防を創ることに挑戦する。 1．バレーボールコートを作り，対戦の方法を決める。 2．リーグ戦のゲームを行う。 〈「落とさせない」ための例〉 　・2人がブロックをする。 　・ブロックに合わせて守備の体系を変える。 3．ゲームの間に三つの局面から他のチームを分析したり，自チームの弱点を練習する。 4．リーグ戦のまとめと反省をし，次のゲームの具体的課題をはっきりとさせる。 　・クラスの実態に応じてキャッチありにするかを考える。（キャッチバレーは，その後の「組み立てる」ことに挑戦する際に，様々な戦術が子どもの側から出てくる。）	・これまでのゲームで挑戦してきた，「組み立てる」「落とす」についても引き続き挑戦させ，さらに「落とさせない」ことにチームで挑戦させるようにする。 ・リーグ戦の対戦表を作らせる。 ・練習したいチームには，自主的に練習を行わせると同時に，児童が求めた場合，アドバイスを行う。 ・単に順位を決めるだけでなく，三つの局面から，自チームの分析を行い，チームの力を発揮できるようなゲームにさせる。
	○話し合いをし，単元のまとめをする。	

157

| Ⅴ章　ゲーム・ボール運動

まとめ（5分）	・協力し合って，ボールを「いかに相手コートに落とすことができるかどうか」「守備から攻撃へ組み立てることができるかどうか」「いかに自分のコートに落とさないことができるかどうか」ができたかどうかを振り返る。 ・ルールや約束を守り，協力して練習やゲームができたか。 ・勝敗に対してこだわるとともに，素直に認め，審判に文句を言ったり，友達の失敗に文句を言ったりしなかったか。

b　指導上の工夫や留意点

① 〔ねらい１〕では，特にバレーボールの一局面である「落とさないこと」に対して挑戦することであり，ゲームの中でそのことに関わって様々な技能を楽しむことができるよう指導する。他の局面に対する課題が出てきた場合は，引き受けるようにし，ゲーム全体が良くなるようにする。

　また，学級の状態によって「はじく」ではなく「キャッチ」をするようなキャッチバレーボールを行ってもよい。ワンバウンドをさせると「落とさない」ことに挑戦する意味がないので，ボール操作を簡易にするように工夫する。

　回数は，なるべく三回でかえすようにすることで，三つの局面の面白さが味わえることを意識しておく。

　ゲームとゲームの間では，実態に応じて「落とす」「組み立てる」「落とさない」という局面に関わったバレーボールの具体的な技術を紹介したり，教えたりする。

② 〔ねらい２〕では，〔ねらい１〕で「落とさない」ことに挑戦しているからこそ，いかに攻撃を行うかを考えさせ，バレーボールの攻撃技術であるフェイント，クイック，時間差，オープンなど紹介し，自分たちのチームで練習させゲームで使えれば使わせる。

　また，チームの弱点や課題について「落とす」「組み立てる」「落とさない」という三つの局面を手がかりに反省し，ゲームの質を高め，発展させていく

ことができるようにする。
③〔ねらい3〕では,〔ねらい1〕や〔ねらい2〕で行ったゲームで高まった力を用いてリーグ戦を行うようにする。この際に,「落とさせない」ことにも意識を向けさせ,チームでゲームを作るように促す。なお,時間確保が困難な場合,学級会・球技大会・子ども企画の大会形式等のように実施する方法もある。　　　　　　　　　　　　　　　　　　　　　　　　《原　佑一》

(14) ベースボール型ゲーム

a　基本的な学習指導の進め方

① 運動の特性

　2チームが攻撃と守備に分かれて,ベースをめぐる競争を通して,得点を競い合うことが楽しい運動である。攻撃側は,打者がボールを打って(または投げて),ベースを奪う,または仲間を進塁させることができるかどうかに挑戦することに楽しさを感じ,守備側は,ランナーより先にボールをベースまで送れるかどうかに挑戦することに楽しさを感じる運動である。

② 学習のねらい

　ベースをめぐってのボールとランナーの競争のために,攻撃側と守備側はそれぞれ特有のねらいがある。攻撃側は,どのように・どこにボールを打ったら(投げたら)よいかを工夫して,ベースを奪うことや仲間を進塁させることに挑戦し,ゲームを楽しむ。また,守備側は,投げ方やポジションを工夫して,ランナーよりも早くボールをベースに送ることに挑戦し,ゲームを楽しむ。

③ 学習の道筋

　〔ねらい1〕……きまりやルールを決め,ベースをめぐる競争を楽しむための打ち方や,走り方,ボールの捕り方,投げ方といった技能を使って,今できる力でいろいろなチームと総当たり戦のゲームをする。

　〔ねらい2〕……ゲームをよりおもしろくするために,きまりやルールを工夫し,攻撃側は打ち方や,走り方,ランナーの進め方を工夫し,

|V章　ゲーム・ボール運動

　　　　　　　　　　守備側はボールの取り方や投げ方を工夫しながら，力のあっ
　　　　　　　　　たチームや対戦したいチームと対抗戦のゲームをする。

④　学習の流れ（単元と毎時の流れ）

単元の流れ　→

	ねらい1	→	ねらい2	→	ねらい3
一時間の流れ　↓	・基本的な練習 ・ゲーム ・（話し合い） ・ゲーム ・（話し合い） ・まとめ		・チーム練習 ・ゲーム① ・（話し合い） ・ゲーム①からでた課題 　に対するチーム練習 ・ゲーム② ・まとめ		・ゲーム ・練習 ・ゲーム ・練習 ・ゲーム ・（話し合い） ・まとめ

⑤　学習と指導の展開

はじめ（15分）	1．学習のねらいと道筋を知り，単元や一単位時間の流れや学習の進め方を理解し，学習の見通しを持つ。 2．今まで学習したり経験したりしたハンドベースボールやソフトボールのおもしろさや，ルール，約束事を思い出す。 3．チーム編成をし，役割分担をする。	
	ねらいと活動	指　　　導
なか1（30分×1+45分×2）	〔ねらい1〕 　きまりやルールを決め，ベースをめぐる競争を楽しむ。打ち方や，走り方，ボールの取り方，投げ方といった技能を使って，今できる力でいろいろなチームと総当たり戦のゲームをする。 1．コートを作る。 2．総当たり戦のゲームの組み合わせを決める。	・学級の実態に応じ，まずボールとの競争という感覚づくりやボール慣れの運動を行う。 ・ベースをめぐる競争が楽しめるように，ベースの数やコートの大きさを決める。 ・児童の実態に応じ，捕球が難しい場合は，キャッチしなくてもベースにボールが送られたことがわか

(14) ベースボール型ゲーム

| なか2（45分×3） | 3．約束事やルールを決める。
・7人対7人でのゲーム
・ベースをめぐる競争の判定がフェアになるよう，塁審を決める。
・審判は交代で，前の打者が行う。
・三振やフォアボールや盗塁はなし。
4．ゲームをする。
・最初はベースの数を，できるだけ少なくして，ベースをめぐる競争を全員が楽しめるようにする。

〔ねらい2〕
ゲームをよりおもしろくするために，きまりやルールを工夫する。ベースをめぐる競争を楽しむために，攻撃側はチームでランナーの進め方を工夫し，守備側はポジション，ボールの取り方，投げ方を工夫しながら，力のあったチームや対戦したいチームと対抗戦のゲームをする。

1．コートを作り，対戦相手を決める。
2．チームごとに練習をする。
3．ゲーム①をする。
4．話し合いをし，攻め方や守り方を工夫して練習する。 | るように工夫する（例えば，タンバリンを使うなど）。
・打者一巡方式などの工夫をし，全員に競争に挑戦する機会を持たせるようにする。

・ルールやコートの大きさは，児童の実態に応じて，変更し，よりゲームがおもしろくなるように，工夫する。
（例えば，ベースの数を増やす，ファールラインを大きくする，バットなどを用いる，など）

・チームごとに，前時の活動を振り返り，チームの課題を見つけ練習する。

・ゲーム①を振り返って，作戦を立て直し，ゲーム②に活かされるような話し合いや練習をさせる。 |

Ⅴ章　ゲーム・ボール運動

なか3（40分×1）	5．ゲーム②をする。 　・課題が克服されたかがわかるように，同じチームと続けて，試合をする。 6．話し合いをし，次時に生かす。 〔ねらい3〕 　今までの作戦や技術を活かして，リーグ戦を楽しむ 1．コートを作り，対戦の順番を決める。 2．チームごとに簡単な練習をする。 3．総当たり戦（リーグ戦）のゲームを行う。 4．ゲームの間に，審判や話し合いをしたり，他チームのゲームを観戦したりする。 5．リーグ戦のまとめと反省をし，次時の意欲を持つ。	・ゲーム②を振り返って，チーム及び個人の課題を確認するとともに，より楽しめるようにゲームのルールを工夫する。 ・いろいろなチームに挑戦し，ゲームを楽しむ。 ・総当たり戦（リーグ戦）の対戦表を作らせる。
まとめ（5分）	○話し合いをし，単元のまとめをする。 　・ベースをめぐる競争を十分に楽しめたか。 　・作戦やルールを工夫して，力いっぱい練習やゲームができたか。 　・ルールや約束を守り，協力して練習やゲームができたか。 　・勝敗を素直に認め，フェアプレーの精神でゲームができたか。	

b　指導上の工夫や留意点

①〔ねらい1〕では，まずボールとの競争という感覚づくりを十分に実施する。そのゲームで必要となる基本的な技術練習を簡単に行い，すぐに総当たり戦のゲームに入る。ルールは簡単なものとし，コートはダイヤモンドにこだわ

らず，なるべく少ないベースの数で，ベースをめぐる競争に児童全員が取り組めるようにする。

　すべてのチームとゲームを行い，自分のチームやほかのチームの特徴がわかるようになることが望ましい。

② 〔ねらい２〕では，〔ねらい１〕のゲームをもとに，対戦相手を決めさせると共に，ルールやコートを工夫させる。ベースをめぐる競争がより楽しめるように，コートの大きさ，角度を変える。また，児童の様子によって，ベースの数を増やして得点の入り方などを決める。学年や経験に応じてティーボールやトスバッティングなどを取り入れてもよい。

③ 〔ねらい３〕は，学級の実態や時間確保等の関係から，行わなくてもよく柔軟に考える。学年球技大会等に組み入れることも考えられる。

④ 「チーム編成」は男女混合とし，チーム間の差ができるだけ均等になるよう留意する。バット等を使う場合は安全面に十分な注意をする必要がある。

《宮坂　雄悟》

VI章 表現運動（表現遊びを含む）

a 表現運動の基本的学習指導の進め方
① 小学校におけるダンス

　ダンスという用語は模倣の運動・表現運動などを含む，変身欲求を満足させてくれる運動の総称として使われている。近年，生涯を通じて豊かな生活を送るために，年齢を問わず主体的にダンスを生活に取り入れる人々が多くなってきた。したがって，これからの学校におけるダンス教育はダンスが好きな子どもを育てる学習が前提となる。小学校ではダンスの基本的な楽しさを経験し，中学校以降に個人の好みに合ったダンスを選択できる実践が大切である。とにかく，ダンスが好きになるには一時的に何かに変身し陶酔してリズムにのって踊る楽しさを十分に体験できる学習設定が大切となる。

② ダンスの分類と学習内容

　社会には多くのダンスがあり，それぞれ固有の変身欲求を満足させるおもしろさがある。ダンスではイメージとリズムへの変身による欲求充足が重要であり，この欲求充足の形態を文化様式から分類すると次のようになる。

　　・イメージ非定形型…表現・創作型　　・リズム非定形型…リズム型
　　・イメージ定形型……民族舞踊型　　　・リズム定形型……社交型

　小学校における学習可能性から見ると，各分類のダンスが学習できる。現行の学習指導要領では，表現（表現遊び），フォークダンスとリズムダンス（リズム遊び）が学習内容となっている。

③ 発達特性と表現（表現遊び）の学習

　表現（表現遊び）と児童の発達的特徴の関係を見ると次のようになる。

〈低学年〉

　表現遊びでは本能的な模倣・変身欲求の充足を求める楽しさが得られる。低

学年の児童は本能的に恥ずかしがらずに全身で興味・関心を持ったものを模倣し変身できる特性を持っている。動物やおもちゃや遊園地の乗り物など特徴的な動きのある対象を好み，リズミカルに力いっぱい動くことが好きである。低学年児童の変身欲求はいろいろな対象に，次々と変身することで満たされる特徴を持っている。したがって，学習の進め方は，児童が興味・関心のある魅力的な題材を取り上げ，想像力やイメージを豊かに膨らませられる環境で，そのものになりきって力いっぱい変身できる即興が中心となる。学習の流れは，まず共通題の即興を行い，学習に慣れてきたら，次に自由に題材を選んで模倣し，途中に見せ合いを入れるのが一般的である。

〈中学年〉

中学年になると見られているという意識が強くなり，時には恥ずかしさのため身体表現を避ける児童もいる。この変化は現実と虚構の世界との区別が次第に明確になり，単なる模倣から表現対象をいろいろなイメージで描き，それを工夫しながら少しずつ複雑な動きで表現できるようになったことを意味している。また，生活範囲の拡大に伴い，表現する対象も多くなる。したがって，学習の流れは即興の中で少しずつ対象の特徴を明確につかませ，一つの対象からいろいろなイメージを膨らませ，それらのイメージに合った表現や短いストーリーのある表現ができるように発展させる。作品としてまとめ，発表し合うことも可能である。

〈高学年〉

高学年になると論理的思考ができるようになり，題材から受けるイメージが豊かになり，秩序立てて流れを考えた個性的な表現が見られるようになる。表現への関心も，例えば，場面変化の大きい自然の力や感情の起伏のある物語などの内容に及び，起伏のある連続した動きで表現できるようになる。

学習の流れは，基本的には中学年と同じである。低・中学年の学習経験があれば，作品作りから発表までの時間を多く取り，踊り込みを通してよりよい表現（作品）を味わいながら楽しみ，そして，お互いの作品を鑑賞し合う発表会も有意義である。

VI章　表現運動

④　表現運動の道筋

　基本的にはステージ型であり、〔ねらい１〕でイメージを広げる即興、〔ねらい２〕でイメージを深める表現、（〔ねらい３〕で発表・鑑賞）となる。

(15) 表現遊び（2年生「動物ごっこ」を題材とした例）

① 「動物ごっこ」の特性

　模倣は全身を使って、興味をもったり、感動したことやものになりきって、いろいろなものに一時的に変身することが楽しい運動である。動物は親しみやすく、また想像をかり立てる題材である。

② 学習のねらい

　いろいろな動物をまね、いろいろな場面でその動物になりきって楽しく踊る。

③ 学習の道筋（はじめ、まとめ各15分）

〔ねらい１〕……一人で海や陸や空にいる動物をまねて、あてっこやまねっこをして踊る。

〔ねらい２〕……好きな動物を選んで、少人数でまね方や場面を工夫して踊る。

〔ねらい３〕……グループで一番好きなところを発表し合う。

④ 学習と指導の展開

はじめ	1．学習のねらいと道筋を理解し、進め方について見通しを持つ。 2．グルーピングと役割分担をする。 3．学習のきまりを決める。

	ねらいと活動	指　　導
ねらい１・約３時間	〔ねらい１〕の活動をする。 1．本や写真やビデオなどを見て、どんな動物がいるか話し合う。 2．動物がどんなところにどのようにしているかを知り、自分がやりたい動物を決め、どんなところを表現し	・子どもが好みそうな動物で、動きや形が特徴的な動物を見つけられるような資料（本、ＶＴＲなど）をたくさん用意する。 ・いろいろな動物の模倣ができるよ

(15) 表現遊び

	たいかを発表する。 3．やってみたい動物の場面や出来事を今できる表現で踊って楽しむ。 4．個人でまねた動きをグループで見合ったり，あてっこをしたり，まねたりし合う。	うに，空，海，森，砂漠などの場の設定を工夫する。 ・自分の動きと違った表現に気づかせ，いろいろな動きで踊れるようにする。
ねらい2・約2時間	〔ねらい2〕の活動をする。 1．同じ動物でやってみたいグループを作り一番表現したいことをどう表せばよいかを話し合う。 　・友だちと一緒に1匹の動物や親子の動物，動物の群れになるなどを決める。 2．話し合ったことを今できるリズミカルな動きでなりきって踊る。 3．一番表したいところをいろいろ工夫して踊る。 4．工夫した踊りをグループ間で見せ合って，意見を交換して楽しむ。	・〔ねらい1〕でやらなかった動物を選んでもよいことにする。 ・動物の特徴をよくとらえて，グループの一人一人の動きを工夫できるようにする。 ・一番表したいところをどのように表現するとよいかをわかるようにする。
約1時間	〔ねらい3〕の活動をする。 ・学級で発表し合って，楽しく見せ合う。	・発表の仕方を工夫し，見る観点も明確にし，ほかのグループのよい点がわかるようにする。
まとめ	○次のことをグループごとに話し合う。 ・やってみたい動物になりきって楽しく踊れたか。 ・友だちと仲よく工夫しながら踊れたか。	

(16) 表　現（5年生「冬の自然」を題材とした例）

① 表現（冬の自然）の一般的特性

題材（冬の自然）のいろいろな様子を捉えて，表したいイメージを自由に工夫した動きで表現することや，友だちと一緒に踊ったり，グループで協力し合って踊ったりすることが楽しい運動である。

② 学習のねらい

「冬の自然」から表したいイメージを捉え，即興で表現したり，変化と起伏のあるひと流れの動きを自由に工夫して楽しく踊る。

③ 学習の道筋

〔ねらい1〕……冬の自然の様子や生活をいろいろイメージして，気軽に踊る。（即興表現中心）

〔ねらい2〕……冬の自然の様子の中から一番表したいテーマを選び，イメージを深めながらテーマに合った続け方を工夫して踊る。（即興から作品作り）

〔ねらい3〕……グループごとに発表し合い，楽しく鑑賞する。（発表・鑑賞）

●毎時間の基本的な流れ

〔ねらい1〕では「①思いつくままに踊る～②簡単な工夫で踊る～③見せ合う」というように「踊る」～「工夫する」～「見る」が1時間の流れを構成する。各ステージにおける毎時間の学習はスパイラル的に構成されている。

④ 学習と指導の展開

はじめ (15分)	1．学習のねらいと道筋を理解し，進め方について見通しを持つ。 2．学習のきまりを決める。 3．事前に理科や国語で学習した「冬の自然」を思い出す。	
	ねらいと活動	指　　導
	〔ねらい1〕の活動をする。	

なか〈ねらい1〉（30分＋45分×2）	1．イメージカードや音楽を使って冬の自然のイメージを個人で自由に即興表現で踊って楽しむ。 2．イメージを共有できる友だちとグループを作る。 3．グループで集団での動きを示したカードで踊ったり，イメージカードを組み合わせて踊る。 4．気に入ったカードを持ち寄って気軽に踊る。 5．自分たちの表現したいイメージに合ったカードと音楽を選び，ひと流れの動きで踊る。	・イメージカードを中心とした学習形態であることを知らせる。 ・はじめは一斉指導の形態で行う。4，5あたりから自主的に学習できるようにする。 ・1つのカードで30秒くらいとし，いろいろな場所へ移動して踊るように助言する。 ・冬のイメージを広めたり，深めたりできるBGMを流すなどして，雰囲気を盛り上げる。 ・ひと流れの動きにする工夫の視点（動きや音楽など）を示す。
	〔ねらい2〕の活動をする。	
なか〈ねらい2〉（45分×4）	1．表現したいテーマ別グループをつくり役割分担も決める。 2．〔ねらい1〕でおもしろかった動きを活用し，ひと流れのストーリーを考える。 3．グループで協力して続け方や盛り上がりなどの動きを工夫して踊る。 4．ほかのグループと見せ合う。 　・見せる側は伝えたいイメージや工夫した点を言ってから踊る。 　・見る側はよかった点を中心に感想を言う。 5．VTRで自分たちの作品のできばえを確認し，また，見せ合いでの意見も参考にしながら，さらに表現を	・テーマ別グループでの学習の進め方を知らせる。 ・即興での動きを生かして踊るよう助言する。 ・体を動かしながら動きを工夫するよう助言する。 ・子どもからの相談がない限り，動きに関する助言はせず，よい動きをほめるようにする。特に続け方や盛り上がりのよい点をほめる。 ・グループ間で直し合うよう指導する。

VI章　表現運動

30分	工夫して踊る。 〔ねらい3〕の活動をする。 1．通して踊り込む。 2．発表会をする。	・発表のマナーと鑑賞のマナーについて知らせる。
まとめ（15分）	○次のことをまとめる。 ・体で表現することに抵抗なくできるようになったか。 ・グループで協力して，楽しく踊れたか。 ・表したいイメージを工夫して感じを込めて踊れたか。 ・マナーに気をつけて学習できたか。	

〈表現運動作品づくり：イメージカードの例〉

踊りたいイメージを強める工夫をしよう（〔ねらい2〕で使用）

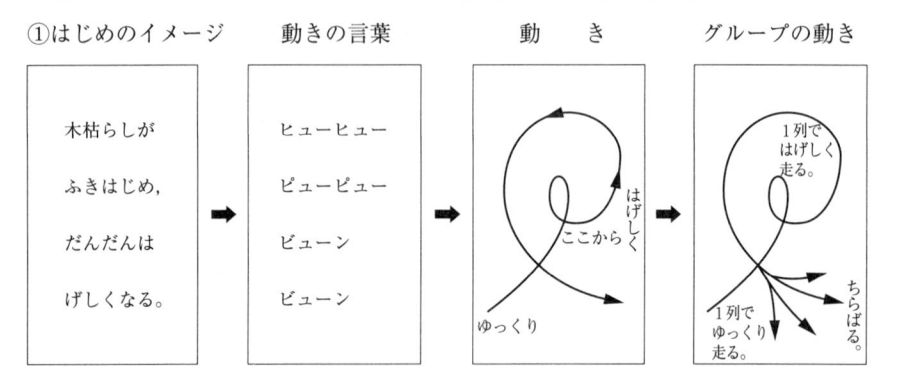

①はじめのイメージ　　　動きの言葉　　　　動　き　　　　グループの動き

はじめのイメージ	動きの言葉	動き	グループの動き
木枯らしがふきはじめ，だんだんはげしくなる。	ヒューヒュー ピューピュー ビューン ビューン	ここから　はげしく　ゆっくり	1列ではげしく走る。 1列でゆっくり走る。 ちらばる。

　作品の②なか，③おわりも同様に，このプロセスでイメージを動きの言葉，動き，グループの動きに発展できるように工夫する。

(17) フォークダンス（5年生の例）

① フォークダンスの一般的特性

イメージ定形型のダンスであるフォークダンスは，日本や世界の民族独特の音楽にのって決まった踊り方を覚えて，マナーを守って相手と対応して一緒に踊ることが楽しい社交型のダンスである。民族独特の音楽やリズムや踊り方の特徴を知る学習で，踊りの意味を理解し，その意味にふさわしい踊りを楽しむ。

② 学習のねらい

フォークダンスは各民族各国特有のダンスであり，マナーが重要である。高学年になっても異性を意識してふざけたり，時には乱暴な踊り方をする児童もみられる。マナーを守らなければ楽しめないことを十分理解させる。

ひとつの共通曲で踊りを楽しんだら，次に自分たちで選んだ新しい踊りに挑戦する学習も可能となる。新しい踊りの意味と雰囲気を理解する学習も重要である。学習成果をクラス行事や学校行事などで楽しめるようにする。

③ 学習の道筋（5年生）（ステージ型経験的小単元）

〔ねらい1〕……外国のフォークダンス（例：ドイツのキンダー・ポルカ）と郷土の民踊の踊り方を覚えて楽しく踊る。（2時間）

〔ねらい2〕……いろいろな相手と踊りの特徴を捉えて踊る。（2時間）

③ 学習の進め方（5年生　4時間）

〔ねらい1〕では教師の説明や副読本，資料から踊りの由来や特徴を知る。それらを知った上で踊り方のあらましを学ぶ。基本的なステップや表現のし方を協力して学び，踊り込んで楽しめるようにする。

〔ねらい2〕ではグループごとに踊りたい曲を選び，踊りの特徴を意識して踊りを楽しむ。十分楽しんだら他のグループと交流する。

(18) リズムダンス（リズム遊び）

① リズムダンス（リズム遊び）の特性

このダンスは特定の型にとらわれず，リズムののりを楽しむ目的がある。低

| Ⅵ章　表現運動

学年ではリズム遊び，中学年ではリズムダンスとして，学習内容となっている。また高学年では地域や学校の実態に応じて指導可能となっている。ヒップホップダンスやジャズダンス等へ発展する可能性が高いため，今後とも重要な学習内容のひとつである。

② 学習のねらい

　リズムにのってのりを全身で楽しむ。

③ 学習の道筋（スパイラル型・経験的小単元）

〔めあて１〕……リズムのとりやすいのりの良い曲で踊りを楽しむ。
〔めあて２〕……いろいろな曲でのり方を工夫して踊って楽しむ。

　具体的には，やさしいリズムに合わせてやさしい動き方（手や足でリズムをとるなど体の部分を動かす）から入り，次第にいろいろなリズムに合わせて工夫した動きで体全体で踊れるようになる。

④ 学習の進め方

１．のりの良い曲を複数用意し，子どもに踊りやすく好きな曲を選択させる。
　次の要素を持った曲が多く選択される。
　　・子どもがよく知っている曲…ドラマの主題歌，コマーシャルソングなど。
　　・リズムのはっきりしている曲，ビートがきいた曲，繰り返しが多い曲。
　　・雰囲気のある曲も好まれる。
２．心が解放されるような場づくりを工夫する。
３．学習が深まる手だての例
　　・好きな動きをしている友だちの踊りに合わせて踊る。
　　・リズムをとるために口伴奏や手拍子，足拍子などでリズムに慣れる。

(19) 新しいリズムダンスとしてのボールルームダンス

① ボールルームダンスの特性

　ボールルームダンスは世界共通のダンス文化であり，社交性ばかりでなく競技性や創造性の要素をもつ踊りである。このダンスには誘われたら断らない，曲の途中でパートナーをかえない（社交性）というルールがある。そして二人

が協力しあって楽しむというマナーがある。ルール・マナーを守れば各種目の特性に従って自由にパートナーと独自の踊りを作り（創造性）踊りこなして楽しむ，時にはかっこよさを競いあえる（競技性）踊りでもある。

② 学習のねらい（チャチャチャ　3年生の例）

　チャチャチャのリズムにのって，いろいろな人と踊りを楽しむ。

③ 学習の道筋（スパイラル型　5時間）

〔めあて1〕……パートナーを決めて今できる踊り方でチャチャチャを楽しむ。

〔めあて2〕……パートナーと踊り方を工夫して楽しむ。3時間目からはパートナーを変える。

④ 学習の進め方

1．リズムが取りやすい，親しみのある曲を選ぶ。

2．ルール，マナーと基本的な組み方を学ぶ。

3．リズムの取り方を知り，踊り方を工夫して楽しむ。

　・簡単な移動（ワン〜スリー）とチャチャの動き方をパートナーと相談しながら試してみる。

　・ワン〜スリーとチャチャのパートをいろいろ工夫し，踊りを楽しむ。

4．学習が深まる手だての例

　・踊りを見せ合い，良かった点や工夫されていた点を交流する。気に入った工夫点を自分たちなりに取り入れてみる。

　・学習が進んだらパートナーを変えて協力しあって踊りを楽しむ。

5．学習を広める手だて

　・特別活動の一環として他クラスや他学年と交流する。

　・学校行事として他校種や地域の人々とダンスパーティを楽しむ。

《新開谷　央》

Ⅶ章 保　　健

　「体育科の理論」Ⅱ章 (6) でも記したように，平成20年3月に改訂された小学校学習指導要領における「保健」領域の内容の改訂の要点は次のとおりである。
　第3学年・第4学年では，「毎日の生活と健康」及び「育ちゆく体とわたし」の指導内容を明確にし内容を構成している。
　また，第5学年・第6学年では，「心の健康」，「けがの防止」及び「病気の予防」の指導内容を明確にし内容を構成している。
　なお，系統性の視点から，「毎日の生活と健康」については，健康の状態のとらえ方として主体の要因と周囲の環境の要因を，「けがの防止」については，身の回りの生活の危険が原因となって起こるけがを，「病気の予防」については，地域での保健にかかわる様々な活動に関する内容を新たに加えている。
　つまり，「保健」については，身近な生活における健康・安全に関する基礎的な内容を重視し，指導内容を改善するとともに，健康な生活を送る資質や能力の基礎を培う観点から，系統性のある指導ができるよう健康に関する内容を明確にしていると言える。
　なお，「内容の取扱い」で次のように示されている。
　「毎日の生活と健康」に関して，学校での健康診断や学校給食などは，学校全体で計画的に行われていること，また，保健室では，養護教諭が中心となってけがの手当てや健康についての相談などが行われ，学校での保健活動の中心的な役割を担っていることなどを取り上げ，保健活動の大切さについて気付かせるよう配慮するものとすること，としている。
　「育ちゆく体とわたし」では，自分を大切にする気持ちを育てる観点から，自分の体の変化や個人による発育の違いなどについて自分のこととして実感し，肯定的に受け止めることが大切であることに気付かせるよう配慮するものとす

ること，と示している。

「病気の予防」における薬物については，有機溶剤の心身への影響を中心に取り扱うものとし，また，覚せい剤等についても触れるものとしている。

そして，「毎日の生活と健康」を第3学年で，「育ちゆく体とわたし」を第4学年で，「心の健康」と「けがの防止」を第5学年で，「病気の予防」を第6学年で指導することにしている。

さらに，「指導計画の作成と内容の取扱い」における「指導計画作成上の配慮事項」では，保健領域の配当時間として，第3学年及び第4学年の2学年間で8時間程度，また，第5学年及び第6学年の2学年間で16単位時間程度を授業時数として示している。

つけ加えて，効果的な学習が行われるよう適切な時期に，ある程度まとまった時間を配当し，学習時間を継続的又は集中的に設定することが望ましいとしている。

以下，各単元ごとの「学習のねらい」と「学習内容」を明示するとともに，各時間配分における「主な学習内容と指導上の留意点」の概要を記す。

[第3学年及び第4学年]

(20) 毎日の生活と健康

① 学習のねらい

健康の大切さを認識するとともに，健康によい生活について理解できるようにする。

② 学習内容

> ア．心や体の調子がよいなどの健康の状態は，主体の要因や周囲の環境の要因がかかわっていること。
> イ．毎日を健康に過ごすには，食事，運動，休養及び睡眠の調和のとれた生活を続けること，また，体の清潔を保つことなどが必要であること。
> ウ．毎日を健康に過ごすには，明るさの調節，換気などの生活環境を整えることなどが必要であること。

③ 主な学習内容と指導上の留意点

時間	学習内容	指導
1	1．健康な生活とわたし ・健康の状態は，気持ちが意欲的，元気なことなど，心や体の調子がよい状態の理解 ・健康な状態には，主体要因や環境要因がかかわっていることの理解	・健康の状態には，1日の生活の仕方などの主体の要因や身の回りの環境の要因がかかわっていることをわからせる。
2	2．1日の生活の仕方 ・健康の保持増進には，食事，運動，休養，睡眠などの調和のとれた生活の実践，継続の必要性 ・手や足，ハンカチや衣服などの清潔を保つ必要性の理解	・1日の生活のリズムの重要性をわからせる。 ・健康によい1日の生活の仕方を実践する意欲をもてるようにする。 ・うがい，手洗い，入浴，歯みがき，手足の爪，下着の着替え等の必要性をわからせる。
1	3．身の回りの環境 ・部屋の明るさの調節や換気の配慮の必要性	・健康の保持増進には，生活環境を整える必要があることをわからせる。

(21) 育ちゆく体とわたし

① 学習のねらい

体の発育・発達について理解できるようにする。

② 学習内容

> ア．体は，年齢に伴って変化すること。また，体の発育・発達には個人差があること。
> イ．体は，思春期になると次第に大人の体に近づき，体つきが変わったり，初経，精通などが起こったりすること。また，異性への関心が芽生えること。
> ウ．体をよりよく発育・発達させるには，調和のとれた食事，適切な運動，休養及び睡眠が必要であること。

③ 主な学習内容と指導上の留意点

時間	学　習　内　容	指　　導
2	1．体の発育・発達 ・体は年齢とともに発育・発達・変化することの理解 ・体のよりよい発育・発達には調和のとれた食事，運動習慣，休養や睡眠の必要性	・発育の仕方には，個人差や男女差があることをわからせる。 ・自分の体に合った適切な運動の重要性を体を通してわからせる。
2	2．思春期の体の変化 ・思春期における体つきの男女差の現れ ・思春期における大人の体への接近 ・異性への関心の芽生え	・思春期には，初経や精通などが起こり，大人の体に近づいていくとともに，異性に対する気持ちに変化が生じることを理解させる。

[第5学年及び第6学年]

(22) 心の健康・けがの防止

〈けがの防止〉

① 学習のねらい

けがの防止について理解するとともに，けがなどの簡単な手当てができるようにする。

② 学習内容

　ア．交通事故や身の回りの生活の危険が原因となって起こるけがの防止には，周囲の危険に気づいて，的確な判断の下に安全に行動することや環境を安全に整えることが必要であること。
　イ．けがの簡単な手当ては，速やかに行う必要があること。

③ 主な学習内容と指導上の留意点

時間	学習内容	指導
2	1．学校生活でのけが ・けがの起こる原因 ・けがの防止 ・環境安全の整備	・いつ，どこで，どのような状況でけがが起こりやすいか考えさせる。
2	2．交通事故 ・交通事故の起こる原因 ・交通事故の防止	・飛び出しや自転車に乗っている時に事故が多発しやすいことをわからせる。
1	3．けがの手当て ・簡単な手当て	・速やかに，簡単なけがの手当てができるようにさせる。 ・自分で手当てをしても，大人に知らせるようにさせる。

〈心の健康〉

① 学習のねらい

　心の発達及び不安，悩みへの対処について理解できるようにする。

② 学習内容

ア．心は，いろいろな生活経験を通して，年齢に伴って発達すること。
イ．心と体は相互に影響し合うこと。
ウ．不安や悩みへの対処には，大人や友達に相談する，仲間と遊ぶ，運動をするなど，いろいろな方法があること。

③ 主な学習内容と指導上の留意点

時間	学習内容	指導
1	1．心の発達 ・心と体のかかわり	・心と体は密接な関係にあり互いに影響し合うことを，具体例を出し理解させる。

| 2 | 2．不安や悩みへの対処方法
・不安や悩みの種類
・不安や悩みの解決方法 | ・不安や悩みにはどのようなものがあるか考えさせ，それへの対処方法を話し合わせる。 |

（23）病気の予防

① 学習のねらい

病気の予防について理解できるようにする。

② 学習内容

ア．病気は，病原体，体の抵抗力，生活行動，環境がかかわりあって起こること。
イ．病原体が主な要因となって起こる病気の予防には，病原体が体に入るのを防ぐことや病原体に対する体の抵抗力を高めることが必要であること。
ウ．生活習慣病など生活行動が主な要因となって起こる病気の予防には，栄養の偏りのない食事をとること，口腔の衛生を保つことなど，望ましい生活習慣を身に付ける必要があること。
エ．喫煙，飲酒，薬物乱用などの行為は，健康を損なう原因となること。
オ．地域では，保健にかかわる様々な活動が行われていること。

③ 主な学習内容と指導上の留意点

時間	学　習　内　容	指　　　導
2	1．病気の起こり方 ・かぜの起こり方 ・インフルエンザの起こり方 ・むし歯の起こり方	・かぜやインフルエンザやむし歯はどのように起こるか話し合ったり調べたりさせる。
2	2．病気の起こる原因 ・病原体 ・体の抵抗力	・病気は，いくつかの原因がかかわり合って起こることを理解させる。

	・生活行動 ・環境	
2	3．病原体が要因となり起こる病気の予防 ・病原体が要因となって起こる病気の種類とその予防	・うがいや手洗いの習慣をつけ，病原体を体内に入れないようにしたり，体の抵抗力をつけたりしておくことの必要性をわからせる。
2	4．生活行動が要因となり起こる病気の予防	・栄養のバランスや適度な運動に留意し，喫煙や飲酒をせず，望ましい生活習慣を身につけるようにさせる。

◎「保健」の指導上の工夫，留意点

①導入段階（はじめの段階）においては，児童の生活に密着した話題を取り上げ，自分自身の問題としての意識を持たせることが大切である。

②知識・理解のための指導も重要であるが，学習したことを児童が日常の生活の中に取り入れ，実践し継続するよう，意欲づけをする必要がある。

③健康の授業だけで問題を解決しようとするのではなく，他の教科や領域との有機的な関連を図るとともに，学校教育活動全体の中で，さらには，家庭や地域との連携の中で指導していくことが重要である。

《立木　正》

〈付　録〉

小学校学習指導要領　第2章第9節　体育

第1　目標

　心と体を一体としてとらえ，適切な運動の経験と健康・安全についての理解を通して，生涯にわたって運動に親しむ資質や能力の基礎を育てるとともに健康の保持増進と体力の向上を図り，楽しく明るい生活を営む態度を育てる。

第2　各学年の目標及び内容

〔第1学年及び第2学年〕

1　目標
　(1) 簡単なきまりや活動を工夫して各種の運動を楽しくできるようにするとともに，その基本的な動きを身に付け，体力を養う。
　(2) だれとでも仲よくし，健康・安全に留意して意欲的に運動をする態度を育てる。

2　内容
　A　体つくり運動
　　(1) 次の運動を行い，体を動かす楽しさや心地よさを味わうとともに，体の基本的な動きができるようにする。
　　　ア　体ほぐしの運動では，心と体の変化に気付いたり，体の調子を整えたり，みんなでかかわり合ったりするための手軽な運動や律動的な運動をすること。
　　　イ　多様な動きをつくる運動遊びでは，体のバランスをとったり移動をしたりするとともに，用具の操作などをすること。
　　(2) 運動に進んで取り組み，きまりを守り仲よく運動をしたり，場の安全に気を付けたりすることができるようにする。
　　(3) 体つくりのための簡単な運動の行い方を工夫できるようにする。
　B　器械・器具を使っての運動遊び
　　(1) 次の運動を楽しく行い，その動きができるようにする。
　　　ア　固定施設を使った運動遊びでは，登り下りや懸垂移行，渡り歩きや跳び下りをすること。
　　　イ　マットを使った運動遊びでは，いろいろな方向への転がり，手で支えての体の保持や回転をすること。

|付　録

　　　ウ　鉄棒を使った運動遊びでは，支持しての上がり下り，ぶら下がりや易しい
　　　　回転をすること。
　　　エ　跳び箱を使った運動遊びでは，跳び乗りや跳び下り，手を着いてのまたぎ
　　　　乗りや跳び乗りをすること。
　(2) 運動に進んで取り組み，きまりを守り仲よく運動をしたり，場の安全に気を
　　付けたりすることができるようにする。
　(3) 器械・器具を用いた簡単な遊び方を工夫できるようにする。
C　走・跳の運動遊び
　(1) 次の運動を楽しく行い，その動きができるようにする。
　　　ア　走の運動遊びでは，いろいろな方向に走ったり，低い障害物を走り越えた
　　　　りすること。
　　　イ　跳の運動遊びでは，前方や上方に跳んだり，連続して跳んだりすること。
　(2) 運動に進んで取り組み，きまりを守り仲よく運動をしたり，勝敗を受け入れ
　　たり，場の安全に気を付けたりすることができるようにする。
　(3) 走ったり跳んだりする簡単な遊び方を工夫できるようにする。
D　水遊び
　(1) 次の運動を楽しく行い，その動きができるようにする。
　　　ア　水に慣れる遊びでは，水につかったり移動したりすること。
　　　イ　浮く・もぐる遊びでは，水に浮いたりもぐったり，水中で息を吐いたりす
　　　　ること。
　(2) 運動に進んで取り組み，仲よく運動をしたり，水遊びの心得を守って安全に
　　気を付けたりすることができるようにする。
　(3) 水中での簡単な遊び方を工夫できるようにする。
E　ゲーム
　(1) 次の運動を楽しく行い，その動きができるようにする。
　　　ア　ボールゲームでは，簡単なボール操作やボールを持たないときの動きによ
　　　　って，的に当てるゲームや攻めと守りのあるゲームをすること。
　　　イ　鬼遊びでは，一定の区域で，逃げる，追いかける，陣地を取り合うなどを
　　　　すること。
　(2) 運動に進んで取り組み，きまりを守り仲よく運動をしたり，勝敗を受け入れ
　　たり，場の安全に気を付けたりすることができるようにする。
　(3) 簡単な規則を工夫したり，攻め方を決めたりすることができるようにする。

F 表現リズム遊び
(1) 次の運動を楽しく行い,題材になりきったりリズムに乗ったりして踊ることができるようにする。
ア 表現遊びでは,身近な題材の特徴をとらえ全身で踊ること。
イ リズム遊びでは,軽快なリズムに乗って踊ること。
(2) 運動に進んで取り組み,だれとでも仲よく踊ったり,場の安全に気を付けたりすることができるようにする。
(3) 簡単な踊り方を工夫できるようにする。
3 内容の取扱い
(1) 内容の「A体つくり運動」については,2学年にわたって指導するものとする。
(2) 内容の「F表現リズム遊び」の(1)のイについては,簡単なフォークダンスを含めて指導することができる。
(3) 地域や学校の実態に応じて歌や運動を伴う伝承遊び及び自然の中での運動遊びを加えて指導することができる。
(4) 各領域の各内容については,運動と健康がかかわっていることの具体的な考えがもてるよう指導すること。

〔第3学年及び第4学年〕
1 目標
(1) 活動を工夫して各種の運動を楽しくできるようにするとともに,その基本的な動きや技能を身に付け,体力を養う。
(2) 協力,公正などの態度を育てるとともに,健康・安全に留意し,最後まで努力して運動をする態度を育てる。
(3) 健康な生活及び体の発育・発達について理解できるようにし,身近な生活において健康で安全な生活を営む資質や能力を育てる。
2 内容
A 体つくり運動
(1) 次の運動を行い,体を動かす楽しさや心地よさを味わうとともに,体の基本的な動きができるようにする。
ア 体ほぐしの運動では,心と体の変化に気付いたり,体の調子を整えたり,みんなでかかわり合ったりするための手軽な運動や律動的な運動をすること。

イ　多様な動きをつくる運動では，体のバランスや移動，用具の操作などとともに，それらを組み合わせること。
　(2)　運動に進んで取り組み，きまりを守り仲よく運動をしたり，場や用具の安全に気を付けたりすることができるようにする。
　(3)　体つくりのための運動の行い方を工夫できるようにする。
B　器械運動
　(1)　次の運動の楽しさや喜びに触れ，その技ができるようにする。
　　　ア　マット運動では，基本的な回転技や倒立技をすること。
　　　イ　鉄棒運動では，基本的な上がり技や支持回転技，下り技をすること。
　　　ウ　跳び箱運動では，基本的な支持跳び越し技をすること。
　(2)　運動に進んで取り組み，きまりを守り仲よく運動をしたり，場や器械・器具の安全に気を付けたりすることができるようにする。
　(3)　自己の能力に適した課題をもち，技ができるようにするための活動を工夫できるようにする。
C　走・跳の運動
　(1)　次の運動を楽しく行い，その動きができるようにする。
　　　ア　かけっこ・リレーでは，調子よく走ること。
　　　イ　小型ハードル走では，小型ハードルを調子よく走り越えること。
　　　ウ　幅跳びでは，短い助走から踏み切って跳ぶこと。
　　　エ　高跳びでは，短い助走から踏み切って跳ぶこと。
　(2)　運動に進んで取り組み，きまりを守り仲よく運動をしたり，勝敗を受け入れたり，場や用具の安全に気を付けたりすることができるようにする。
　(3)　自己の能力に適した課題をもち，動きを身に付けるための活動や競争の仕方を工夫できるようにする。
D　浮く・泳ぐ運動
　(1)　次の運動を楽しく行い，その動きができるようにする。
　　　ア　浮く運動では，いろいろな浮き方やけ伸びをすること。
　　　イ　泳ぐ運動では，補助具を使ってのキックやストローク，呼吸をしながらの初歩的な泳ぎをすること。
　(2)　運動に進んで取り組み，仲よく運動をしたり，浮く・泳ぐ運動の心得を守って安全に気を付けたりすることができるようにする。
　(3)　自己の能力に適した課題をもち，動きを身に付けるための活動を工夫できる

ようにする。
E　ゲーム
　(1)　次の運動を楽しく行い，その動きができるようにする。
　　ア　ゴール型ゲームでは，基本的なボール操作やボールを持たない時の動きによって，易しいゲームをすること。
　　イ　ネット型ゲームでは，ラリーを続けたり，ボールをつないだりして易しいゲームをすること。
　　ウ　ベースボール型ゲームでは，蹴る，打つ，捕る，投げるなどの動きによって，易しいゲームをすること。
　(2)　運動に進んで取り組み，規則を守り仲よく運動をしたり，勝敗を受け入れたり，場や用具の安全に気を付けたりすることができるようにする。
　(3)　規則を工夫したり，ゲームの型に応じた簡単な作戦を立てたりすることができるようにする。
F　表現運動
　(1)　次の運動の楽しさや喜びに触れ，表したい感じを表現したりリズムの特徴をとらえたりして踊ることができるようにする。
　　ア　表現では，身近な生活などの題材からその主な特徴をとらえ，対比する動きを組み合わせたり繰り返したりして踊ること。
　　イ　リズムダンスでは，軽快なリズムに乗って全身で踊ること。
　(2)　運動に進んで取り組み，だれとでも仲よく練習や発表をしたり，場の安全に気を付けたりすることができるようにする。
　(3)　自己の能力に適した課題を見付け，練習や発表の仕方を工夫できるようにする。
G　保健
　(1)　健康の大切さを認識するとともに，健康によい生活について理解できるようにする。
　　ア　心や体の調子がよいなどの健康の状態は，主体の要因や周囲の環境の要因がかかわっていること。
　　イ　毎日を健康に過ごすには，食事，運動，休養及び睡眠の調和のとれた生活を続けること，また，体の清潔を保つことなどが必要であること。
　　ウ　毎日を健康に過ごすには，明るさの調節，換気などの生活環境を整えることなどが必要であること。

(2) 体の発育・発達について理解できるようにする。
　　ア　体は，年齢に伴って変化すること。また，体の発育・発達には，個人差があること。
　　イ　体は，思春期になると次第に大人の体に近づき，体つきが変わったり，初経，精通などが起こったりすること。また，異性への関心が芽生えること。
　　ウ　体をよりよく発育・発達させるには，調和のとれた食事，適切な運動，休養及び睡眠が必要であること。
3　内容の取扱い
　(1) 内容の「A体つくり運動」については，2学年にわたって指導するものとする。
　(2) 内容の「F表現運動」の (1) については，地域や学校の実態に応じてフォークダンスを加えて指導することができる。
　(3) 内容の「G保健」については，(1) を第3学年，(2) を第4学年で指導するものとする。
　(4) 内容の「G保健」の (1) については，学校でも，健康診断や学校給食など様々な活動が行われていることについて触れるものとする。
　(5) 内容の「G保健」の (2) については，自分と他の人では発育・発達などに違いがあることに気付き，それらを肯定的に受け止めることが大切であることについて触れるものとする。

〔第5学年及び第6学年〕
1　目標
　(1) 活動を工夫して各種の運動の楽しさや喜びを味わうことができるようにするとともに，その特性に応じた基本的な技能を身に付け，体力を高める。
　(2) 協力，公正などの態度を育てるとともに，健康・安全に留意し，自己の最善を尽くして運動をする態度を育てる。
　(3) 心の健康，けがの防止及び病気の予防について理解できるようにし，健康で安全な生活を営む資質や能力を育てる。
2　内容
　A　体つくり運動
　(1) 次の運動を行い，体を動かす楽しさや心地よさを味わうとともに，体力を高めることができるようにする。

ア 体ほぐしの運動では，心と体の関係に気付いたり，体の調子を整えたり，仲間と交流したりするための手軽な運動や律動的な運動をすること。
イ 体力を高める運動では，ねらいに応じて，体の柔らかさ及び巧みな動きを高めるための運動，力強い動き及び動きを持続する能力を高めるための運動をすること。
(2) 運動に進んで取り組み，助け合って運動をしたり，場や用具の安全に気を配ったりすることができるようにする。
(3) 自己の体の状態や体力に応じて，運動の行い方を工夫できるようにする。

B 器械運動
(1) 次の運動の楽しさや喜びに触れ，その技ができるようにする。
ア マット運動では，基本的な回転技や倒立技を安定して行うとともに，その発展技を行ったり，それらを繰り返したり組み合わせたりすること。
イ 鉄棒運動では，基本的な上がり技や支持回転技，下り技を安定して行うとともに，その発展技を行ったり，それらを繰り返したり組み合わせたりすること。
ウ 跳び箱運動では，基本的な支持跳び越し技を安定して行うとともに，その発展技を行うこと。
(2) 運動に進んで取り組み，約束を守り助け合って運動をしたり，場や器械・器具の安全に気を配ったりすることができるようにする。
(3) 自己の能力に適した課題の解決の仕方や技の組み合わせ方を工夫できるようにする。

C 陸上運動
(1) 次の運動の楽しさや喜びに触れ，その技能を身に付けることができるようにする
ア 短距離走・リレーでは，一定の距離を全力で走ること。
イ ハードル走では，ハードルをリズミカルに走り越えること。
ウ 走り幅跳びでは，リズミカルな助走から踏み切って跳ぶこと。
エ 走り高跳びでは，リズミカルな助走から踏み切って跳ぶこと。
(2) 運動に進んで取り組み，約束を守り助け合って運動をしたり，場や用具の安全に気を配ったりすることができるようにする。
(3) 自己の能力に適した課題の解決の仕方，競争や記録への挑戦の仕方を工夫できるようにする。

付録

　D　水泳
　　(1)　次の運動の楽しさや喜びに触れ，その技能を身に付けることができるようにする。
　　　ア　クロールでは，続けて長く泳ぐこと。
　　　イ　平泳ぎでは，続けて長く泳ぐこと。
　　(2)　運動に進んで取り組み，助け合って水泳をしたり，水泳の心得を守って安全に気を配ったりすることができるようにする。
　　(3)　自己の能力に適した課題の解決の仕方や記録への挑戦の仕方を工夫できるようにする。
　E　ボール運動
　　(1)　次の運動の楽しさや喜びに触れ，その技能を身に付けることができるようにする。
　　　ア　ゴール型では，簡易化されたゲームで，ボール操作やボールを受けるための動きによって，攻防をすること。
　　　イ　ネット型では，簡易化されたゲームで，チームの連係による攻撃や守備によって，攻防をすること。
　　　ウ　ベースボール型では，簡易化されたゲームで，ボールを打ち返す攻撃や隊形をとった守備によって，攻防をすること。
　　(2)　運動に進んで取り組み，ルールを守り助け合って運動をしたり，場や用具の安全に気を配ったりすることができるようにする。
　　(3)　ルールを工夫したり，自分のチームの特徴に応じた作戦を立てたりすることができるようにする。
　F　表現運動
　　(1)　次の運動の楽しさや喜びに触れ，表したい感じを表現したり踊りの特徴をとらえたりして踊ることができるようにする。
　　　ア　表現では，いろいろな題材から表したいイメージをとらえ，即興的な表現や簡単なひとまとまりの表現で踊ること。
　　　イ　フォークダンスでは，踊り方の特徴をとらえ，音楽に合わせて簡単なステップや動きで踊ること。
　　(2)　運動に進んで取り組み，互いのよさを認め合い助け合って練習や発表をしたり，場の安全に気を配ったりすることができるようにする。
　　(3)　自分やグループの課題の解決に向けて，練習や発表の仕方を工夫できるよう

にする。
 G　保健
　(1)　心の発達及び不安，悩みへの対処について理解できるようにする。
　　ア　心は，いろいろな生活経験を通して，年齢に伴って発達すること。
　　イ　心と体は，相互に影響し合うこと。
　　ウ　不安や悩みへの対処には，大人や友達に相談する，仲間と遊ぶ，運動をするなどいろいろな方法があること。
　(2)　けがの防止について理解するとともに，けがなどの簡単な手当ができるようにする。
　　ア　交通事故や身の回りの生活の危険が原因となって起こるけがの防止には，周囲の危険に気付くこと，的確な判断の下に安全に行動すること，環境を安全に整えることが必要であること。
　　イ　けがの簡単な手当は，速やかに行う必要があること。
　(3)　病気の予防について理解できるようにする。
　　ア　病気は，病原体，体の抵抗力，生活行動，環境がかかわり合って起こること。
　　イ　病原体が主な要因となって起こる病気の予防には，病原体が体に入るのを防ぐことや病原体に対する体の抵抗力を高めることが必要であること。
　　ウ　生活習慣病など生活行動が主な要因となって起こる病気の予防には，栄養の偏りのない食事をとること，口腔の衛生を保つことなど，望ましい生活習慣を身に付ける必要があること。
　　エ　喫煙，飲酒，薬物乱用などの行為は，健康を損なう原因となること。
　　オ　地域では，保健にかかわる様々な活動が行われていること。
3　内容の取扱い
　(1)　内容の「A体つくり運動」については，2学年にわたって指導するものとする。また，(1)のイについては，体の柔らかさ及び巧みな動きを高めることに重点を置いて指導するものとする。
　(2)　内容の「D水泳」の(1)については，水中からのスタートを指導するものとする。また，学校の実態に応じて背泳ぎを加えて指導することができる。
　(3)　内容の「Eボール運動」の(1)については，アはバスケットボール及びサッカーを，イはソフトバレーボールを，ウはソフトボールを主として取り扱うものとするが，これらに替えてそれぞれの型に応じたハンドボールなどのその他のボ

付録

ール運動を指導することもできるものとする。なお，学校の実態に応じてウは取り扱わないことができる。
(4) 内容の「F表現運動」の(1)については，地域や学校の実態に応じてリズムダンスを加えて指導することができる。
(5) 内容の「G保健」については，(1)及び(2)を第5学年，(3)を第6学年で指導するものとする。
(6) 内容の「A体つくり運動」の(1)のアと「G保健」の(1)のウについては，相互の関連を図って指導するものとする。
(7) 内容の「G保健」の(3)のエの薬物については，有機溶剤の心身への影響を中心に取り扱うものとする。また，覚せい剤等についても触れるものとする。

第3 指導計画の作成と内容の取扱い
1 指導計画の作成に当たっては，次の事項に配慮するものとする。
(1) 地域や学校の実態を考慮するとともに，個々の児童の運動経験や技能の程度などに応じた指導や児童自らが運動の課題の解決を目指す活動を行えるよう工夫すること。
(2) 一部の領域の指導に偏ることのないよう授業時数を配当すること。
(3) 第2の第3学年及び第4学年の内容の「G保健」に配当する授業時数は，2学年間で8単位時間程度，また，第2の第5学年及び第6学年の内容の「G保健」に配当する授業時数は，2学年間で16単位時間程度とすること。
(4) 第2の第3学年及び第4学年の内容の「G保健」並びに第5学年及び第6学年の内容の「G保健」（以下「保健」という。）については，効果的な学習が行われるよう適切な時期に，ある程度まとまった時間を配当すること。
(5) 第1章総則の第1の2及び第3章道徳の第1に示す道徳教育の目標に基づき，道徳の時間などとの関連を考慮しながら，第3章道徳の第2に示す内容について，体育科の特質に応じて適切な指導をすること。
2 第2の内容の取扱いについては，次の事項に配慮するものとする。
(1) 「A体つくり運動」の(1)のアについては，各学年の各領域においてもその趣旨を生かした指導ができること。
(2) 「D水遊び」，「D浮く・泳ぐ運動」及び「D水泳」の指導については，適切な水泳場の確保が困難な場合にはこれらを取り扱わないことができるが，これらの心得については，必ず取り上げること。

(3) 集合,整頓(せいとん),列の増減などの行動の仕方を身に付け,能率的で安全な集団としての行動ができるようにするための指導については,「A体つくり運動」をはじめとして,各学年の各領域(保健を除く。)において適切に行うこと。
(4) 自然とのかかわりの深い雪遊び,氷上遊び,スキー,スケート,水辺活動などの指導については,地域や学校の実態に応じて積極的に行うことに留意すること。
(5) 保健の内容のうち食事,運動,休養及び睡眠については,食育の観点も踏まえつつ健康的な生活習慣の形成に結び付くよう配慮するとともに,保健を除く第3学年以上の各領域及び学校給食に関する指導においても関連した指導を行うよう配慮すること。
(6) 保健の指導に当たっては,知識を活用する学習活動を取り入れるなどの指導方法の工夫を行うこと。

編・著者一覧

立木　正（ついき ただし）	東京学芸大学教授
新開谷　央（しんかいや ひさし）	北海道教育大学教授
菊　幸一（きく こういち）	筑波大学大学院教授
松田　恵示（まつだ けいじ）	東京学芸大学准教授
嘉戸　脩（かど おさむ）	元東京学芸大学教授
楢山　聡（ならやま さとし）	北海道八雲町立落部中学校教頭
小坂　美保（おさか みほ）	山口福祉文化大学講師
原　佑一（はら ゆういち）	岡山大学助教
宮坂　雄悟（みやさか ゆうご）	東京学芸大学大学院博士課程

小学校　体育科授業研究［第三版］

1994年10月 7 日　初　　版第 1 刷発行
2000年11月 3 日　第二版第 1 刷発行
2009年11月13日　第三版第 1 刷発行

Ⓒ編　者　立木　正　　新開谷　央
　　　　　菊　幸一　　松田　恵示

発行者　小林　一光

発行所　教育出版株式会社
〒101-0051　東京都千代田区神田神保町2-10
電話（03）3238-6965　振替00190-1-107340

Printed in Japan　　　　　　DTP・印刷　神谷印刷
落丁・乱丁本はお取替いたします。　　製本　上島製本

ISBN987-4-316-80244-2　C3037